Dr. Oetker

Marktfrische Küche

Dr. Oetker

Marktfrische Küche

Dr. Oetker Verlag

Lust auf Marktfrisches! Dieses Buch lädt ein zum Bummeln und Entdecken. Keine Convenience, kein Discount, keine Hektik. Dafür erdfrische Produkte und Neuigkeiten vom Tage. Wir entdecken die Mittel zum Leben neu, unter freiem Himmel, von bodenständig bis handverlesen, unter verwinkelten Marktschirmen und Markisen. Der älteste Handelsplatz der Welt als Ernährer der

Stadt – die landwirtschaftlichen Direktvermarkter der Region erobern sich heute diesen Markt zurück. Ihre handwerklich erzeugten Produkte vor Ort präsentieren sich zunehmend erfolgreich zwischen den weitgereisten Exoten aus der Großmarkthalle.

Vorwort

Der Marktspaziergang noch in Schal und Handschuhen. Doch bald kommt die große Zeit der kleinen Frühkartoffeln, die auf Christa, Margit oder Gloria hören. Die ersten Blattsalate legen elegant geschwungen ihre krausen Köpfe zwischen Kohlrabi und Spitzkohl. Nicht zuletzt wartet der schlanke Spargel auf seinen großen Auftritt. Na endlich – die lang ersehnten Frühjahrsboten sind da!

Frühjahr

Kartoffel-Chicorée-Salat mit Cabanossi (Foto)

Zubereitungszeit: etwa 25 Minuten, ohne Durchziehzeit

Pro Portion: E: 6 g, F: 17 g, Kh: 22 g, kJ: 1135, kcal: 271

4 Portionen

Zutaten:

500 g	gekochte Pellkartoffeln
1	kleiner Chicorée
1	kleiner, roter Apfel
1 kleines Bund	Radieschen
100 g	Cabanossi (Knoblauchwurst)

Für die Sauce:

3 EL	Rotweinessig
1 1/2 TL	grobkörniger Senf
3 EL	lauwarmes Wasser
	Salz, Pfeffer
etwas	Zucker
2 EL	Olivenöl
2 EL	Sonnenblumenöl
1/3 Kästchen	Kresse

1. Kartoffeln pellen und abkühlen lassen.

2. Chicorée putzen, halbieren und den Strunk herausschneiden, Chicorée kalt abspülen, abtropfen lassen und klein schneiden. Apfel waschen, abtrocknen, vierteln, entkernen und in kleine Stücke schneiden. Radieschen putzen, waschen und in Scheiben schneiden.

3. Cabanossi würfeln und Kartoffeln in Scheiben schneiden. Alle Salatzutaten in eine große Schüssel geben.

4. Für die Sauce Essig mit Senf, Wasser, Salz, Pfeffer und Zucker verrühren. Beide Ölsorten unterschlagen. Kresse kalt abspülen, trockentupfen, mit einer Schere abschneiden und zu der Sauce geben.

5. Die Sauce mit den Salatzutaten vermischen und den Salat vor dem Servieren etwa 30 Minuten durchziehen lassen. Den Salat vor dem Servieren nochmals mit Essig, Salz und Pfeffer abschmecken.

Tipp: Sie können die Kartoffeln bereits am Vortag kochen, pellen und zugedeckt kalt stellen.

Spinatsalat mit Buttermilchdressing

Zubereitungszeit: etwa 30 Minuten

Pro Portion: E: 11 g, F: 21 g, Kh: 7 g, kJ: 1137, kcal: 272

4 Portionen

Zutaten:

500 g	junger Blattspinat
150 g	Cocktailtomaten
150 g	Champignons
1 Bund	Frühlingszwiebeln

Für das Buttermilchdressing:

75 ml	Buttermilch
1–1 1/2 EL	Zitronensaft
	Salz, Pfeffer
etwas	Zucker
3 EL	Speiseöl

Zum Bestreuen:

125 g	Edelpilzkäse (z. B. Roquefort oder Gorgonzola)
2 TL	Sesamsamen

1. Spinat putzen, Stiele entfernen, Blätter gründlich waschen und abtropfen lassen. Blätter evtl. etwas klein schneiden.

2. Cocktailtomaten waschen und halbieren oder vierteln. Champignons putzen, mit Küchenpapier abreiben, evtl. abspülen, trockentupfen und in Scheiben schneiden.

3. Frühlingszwiebeln putzen, waschen und in feine Ringe schneiden.

4. Für das Buttermilchdressing Buttermilch mit Zitronensaft verrühren, mit Salz, Pfeffer und Zucker würzen und Öl unterschlagen.

5. Spinat mit Cocktailtomaten, Champignons und Frühlingszwiebeln in einer Schüssel oder auf Tellern anrichten und mit Buttermilchdressing übergießen. Käse zerbröckeln, mit den Sesamsamen über den Salat streuen und servieren.

Tipp: Zum Bestreuen statt Edelpilzkäse 150 g durchwachsenen Speck in Würfel schneiden und in wenig Öl kross braten, auf Küchenpapier abtropfen lassen.

Frühjahr

Stielmuseintopf

Zubereitungszeit: etwa 50 Minuten **Pro Portion:** E: 20 g, F: 31 g, Kh: 21 g, kJ: 1855, kcal: 448 **4 Portionen**

Zutaten:

1 kg	Stielmus
500 g	Kartoffeln
4	Mettwürstchen
1 ¹/₄ l	Gemüsebrühe
	Salz
	frisch gemahlener Pfeffer

1. Stielmus von schlechten Blättern und Stielen befreien, den Strunk abschneiden und den Stielmus in etwa ¹/₂ cm breite Stücke schneiden. Stielmus waschen.

2. Den gewaschenen Stielmus in kochendem Wasser 1–2 Minuten blanchieren, auf ein Sieb zum Abtropfen geben.

3. Kartoffeln schälen, waschen und in kleine Würfel schneiden. Stielmus und Kartoffelwürfel in einen großen Topf geben, Mettwürstchen darauf legen und die Gemüsebrühe hinzugeben. Alles zusammen etwa 25 Minuten kochen lassen.

4. Den Eintopf nach dem Kochen mit Salz und Pfeffer abschmecken. Die Mettwürstchen in Scheiben schneiden und wieder in den Eintopf geben.

Variante:

Stielmusgemüse mit Kasseler:
Dafür 1 kg Stielmus vorbereiten, blanchieren und abtropfen lassen. 600 g Kasselernacken in 2 cm große Würfel schneiden. 2 EL Speiseöl erhitzen, Kasselerwürfel rundherum anbraten, Stielmus zugeben und andünsten. Etwa 150 ml Gemüsebrühe hinzugeben, mit Salz und Pfeffer würzen und etwa 25 Minuten dünsten lassen. Nochmals abschmecken.

Beilage: Salzkartoffeln.

Der marktfrische Tipp:

Stielmus (Steifrüben) oder Rübstiel wird aus den Blättern oder Blattstielen der Mairübe geerntet. Er kann roh, fein geschnitten als Salat, Eintopf oder als Gemüse gekocht werden.

Frühjahr

Spinatnudeln

Zubereitungszeit: etwa 30 Minuten, ohne Abkühlzeit

Pro Portion: E: 21 g, F: 17 g, Kh: 73 g, kJ: 2213, kcal: 529

4 Portionen

Zutaten:

700 g	Wurzelspinat
oder 500 g	Blattspinat
400 g	Spaghetti
4 l	Wasser
4 TL	Salz
30 g	Pinienkerne oder abgezogene, gestiftelte Mandeln
2	rote Peperoni
2	Zwiebeln
1–2	Knoblauchzehen
3 EL	Olivenöl
	Salz
	frisch gemahlener Pfeffer
	geriebene Muskatnuss
40 g	gehobelter Parmesan

1. Von dem Wurzelspinat die Blätter oberhalb der Wurzel abschneiden. Spinatblätter verlesen, gelbe Blätter und dicke Stiele entfernen, gründlich waschen und abtropfen lassen.

2. Spaghetti zweimal durchbrechen. Wasser in einem großen Topf mit geschlossenem Deckel zum Kochen bringen. Salz und Spaghetti zugeben und die Spaghetti im geöffneten Topf bei mittlerer Hitze nach Packungsanleitung kochen lassen, dabei mehrmals umrühren.

3. Anschließend die Spaghetti in ein Sieb geben, mit heißem Wasser abspülen und abtropfen lassen.

4. Inzwischen Pinienkerne oder Mandeln in einer Pfanne ohne Fett goldbraun rösten. Pinienkerne oder Mandeln herausnehmen und abkühlen lassen. Peperoni der Länge nach aufschlitzen, entkernen und abspülen, trockentupfen und in Ringe schneiden. Zwiebeln und Knoblauch abziehen und in kleine Würfel schneiden.

5. 1 ½ Esslöffel von dem Olivenöl in der Pfanne erhitzen und Zwiebel- und Knoblauchwürfel bei mittlerer Hitze darin andünsten. Den Spinat hinzugeben und zugedeckt etwa 5 Minuten garen, mit Salz, Pfeffer und Muskat würzen. Den Deckel abnehmen und den Spinat evtl. offen weiter garen, bis die Flüssigkeit verdampft ist.

6. Restliches Olivenöl in einer großen Pfanne erhitzen und Spaghetti unter mehrmaligem Wenden darin anbraten. Peperoniringe hinzufügen und kurz mit anbraten. Spinat und Pinienkerne oder Mandeln hinzufügen, unterrühren und mit erhitzen. Mit Salz und Pfeffer würzen.

7. Die Spinatnudeln mit Parmesan bestreut servieren.

Tipp: Sie können die Spinatnudeln auch mit Walnusskernen zubereiten. Dann das Olivenöl durch neutrales Speise- oder Nussöl ersetzen.

Der marktfrische Tipp:

Peperoni sind mit Chili und Paprika verwandt und gehören zur Familie der Nachtschattengewächse. Peperoni werden meist geerntet, wenn sie noch grün sind, dann kann man sie auch als Gemüse verwenden. Wenn Peperoni ausgereift sind, werden sie rot und etwas süßlicher, dann verwendet man sie als Gewürz. Grüne Peperoni bekommt man sauer eingelegt, die roten auch getrocknet. Peperoni vor der Verwendung längs aufschneiden und die Kerne entfernen, danach Kontakt mit Augen und Mund vermeiden.

Frühjahr

Blumenkohl-Curry

Zubereitungszeit: etwa 60 Minuten

Pro Portion: E: 11 g, F: 26 g, Kh: 41 g, kJ: 1861, kcal: 442

4 Portionen

Zutaten:

1 Kopf	Blumenkohl (etwa 1 kg)
2	Zwiebeln
600 g	Kartoffeln
2	Äpfel
2	rote Paprikaschoten
2 EL	Speiseöl
350 ml	Gemüsebrühe
	Salz
3 gestr. EL	Currypulver
1 TL	gemahlener Kreuzkümmel (Cumin)
	frisch gemahlener Pfeffer
1 Becher (200 g)	Schmand oder Crème fraîche
2–3 TL	Speisestärke
50 g	Kürbiskerne ohne Schale

1. Von dem Blumenkohl Blätter und schlechte Stellen entfernen. Strunk abschneiden. Blumenkohl in kleine Röschen teilen.

2. Zwiebeln abziehen und in kleine Würfel schneiden. Kartoffeln waschen, schälen, abspülen, abtropfen lassen und in kleine Würfel schneiden. Äpfel schälen, vierteln, entkernen und ebenfalls würfeln. Paprika halbieren, entstielen, entkernen und die weißen Scheidewände entfernen. Schoten waschen, trockentupfen und klein würfeln.

3. Öl in einem großen Topf erhitzen, Zwiebeln darin andünsten, Gemüsebrühe zugeben, zum Kochen bringen. Kartoffeln, Salz, Currypulver, Kreuzkümmel und Pfeffer zugeben, umrühren, etwa 8 Minuten kochen lassen. Blumenkohlröschen zugeben, weitere 8 Minuten kochen, dann Äpfel und Paprika zugeben und weitere 5 Minuten garen.

4. Schmand unterheben. Speisestärke mit etwas Wasser anrühren, das Curry nach Belieben damit binden. Das Curry evtl. nochmals mit den Gewürzen abschmecken.

5. Kürbiskerne ohne Fett in einer Pfanne rösten und vor dem Servieren auf das Curry streuen.

Tipp: Geben Sie mit dem Schmand 200 g in Streifen geschnittenen gekochten Schinken unter das Curry.

Der marktfrische Tipp:

Blumenkohl hat einen festen, weißen Kopf und ist im Geschmack sehr mild. Er enthält wenig Kohlenhydrate, dafür aber wichtige Mineralstoffe wie Kalium und die Vitamine K, C und Folsäure. 100 g Blumenkohl liefern nur 23 kcal. Blumenkohl sollte nach der Ernte möglichst schnell zubereitet werden, im Kühlschrank hält er sich maximal 1 Woche.

Marktfrische Küche im März

Frühjahr

Schweinerollbraten mit Gemüse

Zubereitungszeit: etwa 50 Minuten
Garzeit: etwa 1 $^1/_2$ Stunden

Pro Portion: E: 52 g, F: 39 g, Kh: 8 g, kJ: 2492, kcal: 598

4 Portionen

Zutaten:

1	Zwiebel
850 g	Schweinerollbraten
	Salz
	frisch gemahlener Pfeffer
3 EL	Speiseöl, z. B. Rapsöl
300 ml	Fleischbrühe
400 g	Champignons
400 g	Möhren
1	kleiner Blumenkohl
	Wasser
1 TL	Salz
20 g	Butter
	geriebene Muskatnuss
2 EL	Crème fraîche
	evtl. Saucenbinder
1 EL	gehackte Petersilie

1. Zwiebel abziehen und würfeln. Rollbraten unter fließendem kalten Wasser abspülen, trockentupfen und mit Salz und Pfeffer würzen.

2. Speiseöl in einem Bräter erhitzen und den Rollbraten darin von allen Seiten gut anbraten. Zwiebelwürfel hinzufügen und kurz mitbraten, etwas Brühe zugeben und das Fleisch zugedeckt etwa 1 $^1/_2$ Stunden schmoren. Evtl. Brühe nach und nach zugeben. Den Braten ab und zu wenden.

3. Etwa 20 Minuten vor dem Ende der Garzeit Champignons putzen, mit Küchenpapier abreiben, evtl. abspülen und abtropfen lassen. Große Champignons halbieren.

4. Champignons mit in den Bräter geben, zugedeckt zu Ende garen. Den garen Braten abgedeckt etwa 10 Minuten ruhen lassen.

5. Möhren putzen, schälen, abspülen, abtropfen lassen und in etwa 1 cm dicke Scheiben schneiden. Vom Blumenkohl die Blätter und schlechten Stellen entfernen, den Strunk abschneiden und den Blumenkohl in Röschen teilen. Röschen waschen und abtropfen lassen.

6. Wasser mit Salz in einem Topf zum Kochen bringen und nacheinander die Blumenkohlröschen etwa 10 Minuten und die Möhrenscheiben etwa 7 Minuten kochen. Das Gemüse abtropfen lassen. Die Butter in den Topf geben, das Gemüse darin schwenken, mit Salz, Pfeffer und Muskat würzen und warm stellen.

7. Crème fraîche in den Bratenfond einrühren. Die Sauce mit Salz, Pfeffer abschmecken und evtl. mit Saucenbinder etwas binden. Rollbraten in Scheiben schneiden und mit Sauce, Champignons und mit Petersilie bestreutem Gemüse servieren.

Tipp: Verwenden Sie möglichst braune Champignons, denn sie haben einen kräftigeren Pilzgeschmack als die weißen. Eine interessante Note bekommt das Gemüse, wenn Sie es anstatt mit Muskat mit gemahlenem Koriander würzen.

Der marktfrische Tipp:

Koriander stammt ursprünglich aus Vorderasien und verbreitete sich über den gesamten Mittelmeerraum. Man verwendet sowohl die Samen als auch die Blätter. Koriandersamen passen als Gewürz zu Fisch- und Fleischgerichten, zu Weihnachtsgebäck und werden für Saucen und Marinaden verwendet. Der Geschmack von Koriandersamen ist würzig, mit nussigem Aroma. Die Blätter haben einen scharf-bitteren Geschmack und werden in der asiatischen Küche, ähnlich wie in der europäischen Küche die Petersilie, als Gewürz verwendet (chinesische Petersilie).

Frühjahr

Kräuterrouladen mit Möhren

Zubereitungszeit: etwa 30 Minuten

Pro Portion: E: 32 g, F: 7 g, Kh: 52 g , kJ: 1713, kcal: 409

4 Portionen

Zutaten:

4	dünne Kalbs- oder Schweineschnitzel (je etwa 100 g)
	Salz
	frisch gemahlener Pfeffer
4 TL	mittelscharfer Senf
4 EL	gemischte, gehackte Kräuter, z. B. Estragon, Kerbel, Petersilie, Dill
750 g	frische Möhren
1 EL	Speiseöl
300 ml	Fleischbrühe (Instant)
2 1/2 l	Wasser
2 1/2 TL	Salz
250 g	Nudeln, z. B. Tagliatelle (Bandnudeln)
1/2–1 Bund	glatte Petersilie
1 EL	Crème fraîche

Außerdem:

Holzstäbchen

1. Schnitzel unter fließendem kalten Wasser abspülen und trockentupfen. Mit Salz und Pfeffer würzen und mit Senf bestreichen. Die Kräuter darauf verteilen. Schnitzel von der schmalen Seite her aufrollen und jeweils mit einem Holzstäbchen zusammenstecken.

2. Möhren putzen, schälen, waschen, abtropfen lassen und in Scheiben schneiden.

3. Öl in einer großen Pfanne erhitzen und die Kräuterrouladen von allen Seiten darin anbraten. Möhrenscheiben hinzugeben, Brühe hinzugießen und mit Salz und Pfeffer würzen. Rouladen zugedeckt bei mittlerer Hitze 10–15 Minuten garen, ab und zu wenden.

4. Wasser in einem großen Topf mit geschlossenem Deckel zum Kochen bringen. Salz und Nudeln zugeben und die Nudeln im geöffneten Topf bei mittlerer Hitze nach Packungsanleitung kochen lassen, dabei mehrmals umrühren. Die Nudeln in ein Sieb geben, mit heißem Wasser abspülen und abtropfen lassen.

5. Petersilie abspülen, trockentupfen und die Blättchen von den Stängeln zupfen, einige zum Garnieren zurücklassen und die restlichen Blättchen fein hacken. Die Nudeln in eine Schüssel geben, mit der Petersilie bestreuen und warm stellen.

6. Kräuterrouladen aus der Pfanne nehmen und ebenfalls warm stellen. Crème fraîche unter die Möhrenscheiben rühren, mit Salz und Pfeffer abschmecken und mit Petersilie garniert servieren.

Variante: Kräuterrouladen mit Champignons: Dafür 500 g kleine Champignons putzen, mit Küchenpapier abreiben, evtl. abspülen und trockentupfen. Die Champignons (große halbieren oder vierteln) anstatt der Möhren zu den Rouladen geben und mitgaren. Die Champignons mit 1–2 Esslöffeln Pilz-Soja-Sauce aus dem Asialaden abschmecken.

Tipp: Die Kräuterrouladen können auch mit Putenschnitzeln zubereitet werden. Anstatt Fleischbrühe kann auch Gemüsebrühe verwendet werden.

Der marktfrische Tipp:

Senf ist im Mittelmeerraum beheimatet und mit Raps und Kresse verwandt. Seine enthaltenen Senföle regen den Speichelfluss und die Magensaftproduktion an und wirken dadurch verdauungsfördernd. Zur Senfherstellung verwendet man den schärferen braunen oder schwarzen und den milden weißen Senf, die, abhängig vom erwünschten Schärfegrad, miteinander vermischt und vermahlen werden. Dann gibt man je nach Sorte noch Wasser, Essig, Wein, Salz, Zucker, frische Kräuter und Gewürze hinzu.

Frühjahr

Orangen-Ente

Zubereitungszeit: etwa 100 Minuten
Garzeit: etwa 90 Minuten

Pro Portion: E: 89 g, F: 83 g, Kh: 23 g, kJ: 5026, kcal: 1198

4 Portionen

Zutaten:

1	küchenfertige Ente (etwa 2,3 kg)
	Salz
	frisch gemahlener Pfeffer
5 Zweige	Thymian
300 ml	Hühnerbrühe
150 ml	Orangensaft
	gemahlener Zimt
1 EL	Honig
4	Orangen
2 TL	Speisestärke

1. Ente unter fließendem kalten Wasser abspülen, trockentupfen und mit Salz und Pfeffer würzen, Thymian in den Brustraum legen.

2. Die Ente mit der Brustseite nach unten in einen Bräter legen und im unteren Drittel auf dem Rost in den vorgeheizten Backofen schieben.

Ober-/Unterhitze: etwa 180 °C
Heißluft: etwa 160 °C
Garzeit: etwa 90 Minuten.

3. Nach 45 Minuten die Ente umdrehen, Hühnerbrühe und Orangensaft dazugießen, Zimt einstreuen und fertig braten. Honig mit 2 Esslöffeln Bratenfond verrühren und die Entenbrust mehrmals damit einstreichen.

4. Die Orangen so schälen, dass die weiße Haut vollständig entfernt wird und die Orangen in etwa 1 cm dicke Scheiben schneiden. Speisestärke mit kaltem Wasser glatt rühren und die Sauce damit binden, Orangenscheiben in die heiße Sauce legen und mit der Ente servieren.

Beilage: Kroketten, Bandnudeln oder Salzkartoffeln und Brokkoli dazureichen.

Der marktfrische Tipp:

Orangen kommen ursprünglich aus Indien, Südchina und Indonesien. Heute werden sie hauptsächlich in Spanien, Italien, Marokko und der Türkei angebaut. Saison haben sie von November bis März. Bei den Orangen unterscheidet man Saft-, Speise- und Blutorangen. Allen gemein ist der hohe Gehalt an Vitamin C, Vitamin B sowie Kalium und Kalzium. Die enthaltenen Ballaststoffe sind gut für die Verdauung. 100 g Fruchtfleisch liefern 42 kcal.

Frühjahr

Viktoriabarsch auf getrockneten Tomaten

Zubereitungszeit: etwa 30 Minuten
Garzeit: etwa 20 Minuten

Pro Portion: E: 36 g, F: 20 g, Kh: 22 g, kJ: 1745, kcal: 418

4 Portionen

Zutaten:

150 g	getrocknete Tomaten, in Öl
50 g	Pinienkerne
60 g	Brötchenpaniermehl
3 EL	Olivenöl
2	Limetten
1 Topf	Basilikum
600 g	Viktoriabarschfilet
	Salz
	frisch gemahlener Pfeffer

1. Tomaten etwas abtropfen lassen, in Streifen schneiden und mit Pinienkernen, Paniermehl und Olivenöl vermischen. Limetten heiß abspülen, trockentupfen und in Stücke schneiden.

2. Basilikum kalt abspülen, trockentupfen und die Blätter von den Stängeln zupfen. Jeweils die Hälfte der Tomatenmischung, der Limettenstücke und der Basilikumblätter auf dem Boden einer Auflaufform (gefettet) verteilen.

3. Fischfilet unter fließendem kalten Wasser abspülen, trockentupfen und mit Salz und Pfeffer würzen. Fischfilets in die Auflaufform legen und die restliche Tomatenmischung und Limettenstücke darauf verteilen.

4. Die Auflaufform auf dem Rost im unteren Drittel in den vorgeheizten Backofen schieben.

Ober-/Unterhitze: etwa 220 °C
Heißluft: etwa 200 °C
Garzeit: etwa 20 Minuten.

5. Aus dem Ofen nehmen und mit dem restlichen Basilikumblättern bestreut servieren.

Beilage: Kartoffelpüree oder Risotto und Salat.

Tipp: Die Pinienkerne schmecken besonders nussig, wenn Sie sie vor der Verwendung ohne Fett in einer Pfanne goldbraun rösten.

Der marktfrische Tipp:

Pinienkerne sind die geschälten Samen, der im Mittelmeerraum kultivierten Pinie. Sie wachsen in Zapfen, die von Oktober bis April geerntet werden. Pinienkerne schmecken süß, nach Mandel und sind cremig-weich. In der mediterranen Küche sind sie sehr beliebt, zum Knabbern, zum Backen und in Salaten, in der türkischen und arabischen Küche auch für Reisgerichte. Pinienkerne sind ein Bestandteil des „Pesto alla genovese". 100 g Pinienkerne haben 575 kcal, liefern aber auch Vitamine und Mineralstoffe.

Frühjahr

Exotische Früchte mit Limettensauce

Zubereitungszeit: etwa 30 Minuten

Pro Portion: E: 4 g, F: 5 g, Kh: 41 g, kJ: 998, kcal: 238

4 Portionen

Zutaten:

4	Bio-Limetten (unbehandelt)
2	kleine Bananen
2	Kiwis
1	Sternfrucht (Karambole)
1	Granatapfel
etwa 3 Stängel	Zitronenmelisse
1 EL	Butter
1 EL	Zucker

Für die Limettensauce:

80 g	Zucker
3	Eigelb (Größe M)
75 ml	Limettensaft
50 ml	Wasser

1. Die Limetten heiß abwaschen und abtrocknen. Von 1 Limette die Schale mit einem Sparschäler dünn abschälen, in feine Streifen schneiden oder mit einem Zestenreißer abziehen. Von 2 Limetten die Schale dünn abreiben. Alle Limetten halbieren und auspressen. 75 ml Limettensaft abmessen und beiseite stellen.

2. Die Bananen schälen, längs halbieren und mit Limettensaft beträufeln. Kiwis dünn schälen und in etwa 1 cm dicke Scheiben schneiden. Sternfrucht abspülen, trockentupfen und ebenfalls in 1 cm dicke Scheiben schneiden.

3. Den Granatapfel mit einem Messer halbieren und die Kerne herauspulen. Zitronenmelisse abspülen, trockentupfen und die Blättchen von den Stängeln zupfen. Einige Blättchen zum Garnieren beiseite legen, die restlichen Blättchen in Streifen schneiden.

4. Butter und Zucker in einer großen Pfanne erhitzen, hell karamellisieren und das Obst nebeneinander hineinlegen, kurz von beiden Seiten garen und mit Zitronenmelisse bestreuen.

5. Für die Limettensauce in einem breiten Stieltopf Zucker, Eigelb, den abgemessenen Limettensaft, abgeriebene Limettenschale und Wasser mit einem Schneebesen verschlagen. Die Mischung bei mittlerer Hitze unter ständigem Rühren mit dem Schneebesen zu einer Schaumsauce aufschlagen, die Sauce darf dabei nicht kochen.

6. Limettensauce und Früchte auf 4 Tellern anrichten, mit Granatapfelkernen und Limettenstreifen bestreuen und beiseite gelegten Zitronenmelisseblättchen garnieren.

Tipp: Anstelle der Sternfrucht können Sie auch eine Orange oder zwei halbierte Feigen verwenden. Die Orange so mit einem Messer schälen, dass auch die weiße Haut mit entfernt wird und die Orange in Scheiben schneiden.

Der marktfrische Tipp:

Der Granatapfel wird seit Jahrhunderten rund ums Mittelmeer kultiviert. Die Erntezeit ist zwischen September und Dezember. Die bis zu 8 cm große Frucht ist von vielen Wänden durchzogen. Dadurch entstehen Kammern, in denen sich die 3 mm großen Samen befinden, die von einem geleeartigen, saftigen, roten Fruchtfleisch umgeben sind. Die Samen werden mit einem Löffel herausgelöst und für Wild- und Geflügelgerichte oder für Süßspeisen verwendet. Granatäpfel sind reich an Kalium und enthalten Kalzium, Eisen und Vitamin C.

Frühjahr

Spinatcremesuppe mit Räucherforelle

Zubereitungszeit: etwa 20 Minuten

Pro Portion: E: 12 g, F: 21 g, Kh: 9 g, kJ: 1162, kcal: 279

4 Portionen

Zutaten:

500 g	Spinat
1	Zwiebel
1	Knoblauchzehe
40 g	Butter
2 EL	Weizenmehl
800 ml	Gemüsebrühe
1 Becher (150 g)	Crème fraîche
	Zucker
	Salz
	frisch gemahlener Pfeffer
	geriebene Muskatnuss
125 g	geräuchertes Forellenfilet

1. Spinat verlesen, gründlich waschen, abtropfen lassen und in kochendem Wasser 1 Minute blanchieren, abgießen, kalt abspülen und abtropfen lassen.

2. Zwiebel und Knoblauch abziehen und in feine Würfel schneiden. Butter in einem Topf erhitzen und Zwiebel- und Knoblauchwürfel darin anschwitzen, mit Mehl bestäuben, mit einem Schneebesen gut verrühren und das Mehl etwa 1 Minute rösten.

3. Mit Brühe und Crème fraîche auffüllen, dabei ständig rühren und aufkochen lassen, etwa 5 Minuten köcheln lassen. Spinat fein zerhacken, zur Suppe geben und mit Zucker, Salz, Pfeffer und Muskat abschmecken.

4. In Suppentassen füllen und darauf die in Stücke geschnittenen Forellenfilets verteilen.

Beilage: Frisches Körnerbaguette.

Tipp: Anstatt Räucherforelle können Sie auch Räucherlachs verwenden.

Der marktfrische Tipp:

Spinat ist sehr energiearm, nur 23 kcal pro 100 g, da er zu 90 % aus Wasser besteht. Dabei gehört Spinat zu den mineralstoffreichsten Gemüsearten und enthält neben wichtigen Vitaminen, wie Folsäure, Vitamin C, A und B auch noch Kalium, Kalzium und Eisen. Junger Spinat kann roh als Salat zubereitet werden.

Frühjahr

Gnocchisalat mit Bärlauch-Pesto

Zubereitungszeit: etwa 30 Minuten

Pro Portion: E: 19 g, F: 46 g, Kh: 72 g, kJ: 3227, kcal: 771

4 Portionen

Zutaten:

750 g Gnocchi

Für das Bärlauch-Pesto:

50 g Pinienkerne
1 Knoblauchzehe
120 ml Olivenöl
100 g Bärlauch
100 g Parmesan, fein geraspelt
Salz
frisch gemahlener Pfeffer

150 g Kirschtomaten

1. Gnocchi nach Packungsanleitung kochen, abgießen, kalt abschrecken und abtropfen lassen.

2. Pinienkerne in einer Pfanne ohne Fett goldbraun rösten und abkühlen lassen. Knoblauch abziehen und fein würfeln. Pinienkerne, Knoblauch und Olivenöl in einen Blitzhacker geben und zerhacken.

3. Bärlauch kalt abspülen, trockenschleudern und die Stiele entfernen. Bärlauchblätter in feine Streifen schneiden, in den Blitzhacker geben und alles fein zerhacken.

4. Parmesan kurz mit dem Bärlauch-Pesto vermischen, mit Salz und Pfeffer abschmecken und das Pesto vorsichtig unter die Gnocchi heben. Kirschtomaten waschen, halbieren, zu den Gnocchi geben und servieren.

Beilage: Dazu frisches Baguette reichen.

Tipp: Anstelle der Pinienkerne können auch Mandelstifte verwendet werden.

Der marktfrische Tipp:

Bärlauch ist ein Verwandter des Knoblauchs und wächst in fast ganz Europa. Man findet ihn in schattigen Auewäldern. Klein geschnitten ist Bärlauch eine Alternative zu Knoblauch, z. B. in Suppen, Saucen, zum Würzen oder für Pesto. Man verwendet nur Blätter, die vor der Blüte geerntet wurden und man kann ihn nur frisch verwenden. Getrocknet oder gefroren verliert er seine Würzkraft. Da Bärlauch vom Aussterben bedroht ist, sollte er nicht im Wald gepflückt werden, sondern auf dem Markt gekauft oder selber angebaut werden.

Frühjahr

Frühlingssalatteller mit italienischem Dressing

Zubereitungszeit: etwa 50 Minuten

Pro Portion: E: 6 g, F: 8 g, Kh: 15 g, kJ: 687, kcal: 164

4 Portionen

Zutaten:

500 g	weißer Spargel
	Salzwasser
1 Prise	Zucker
1 TL	Butter
200 g	Zuckerschoten
1 Bund	dünne junge Möhren
1	kleine Salatgurke

Für das Dressing:

1	Schalotte
1	milde rote Peperoni (aus dem Glas)
1 TL	Kapern (aus dem Glas)
2 EL	Weinessig
1 EL	halbtrockener Weißwein (ersatzweise 2 EL frisch gepresster Orangensaft)
	Salz
	frisch gemahlener Pfeffer
	Zucker
3 EL	Olivenöl
1 EL	gehackte Kräuter, z. B. Dill, Petersilie, Kerbel

1. Spargel waschen und von oben nach unten schälen, dabei darauf achten, dass die Schalen vollständig entfernt, die Köpfe aber nicht verletzt werden. Die holzigen Enden abschneiden. Salzwasser mit Zucker und Butter in einem Topf zum Kochen bringen. Spargel hineingeben, so dass er ganz mit Wasser bedeckt ist und zugedeckt etwa 8 Minuten bissfest garen. Den Spargel mit einem Schaumlöffel vorsichtig herausnehmen und abtropfen lassen.

2. Von den Zuckerschoten die Enden abschneiden. Die Schoten evtl. abfädeln, waschen und abtropfen lassen. Zuckerschoten in etwas Salzwasser zugedeckt etwa 5 Minuten bissfest dünsten und sofort kurz in kaltes Wasser geben. Anschließend die Zuckerschoten in einem Sieb abtropfen lassen.

3. Möhren schälen, putzen, waschen und abtropfen lassen. Möhren in etwas Salzwasser zugedeckt etwa 10 Minuten bissfest dünsten und abtropfen lassen. Gurke waschen, abtrocknen und die Enden abschneiden. Die Gurke längs halbieren, nach Belieben entkernen und in Scheiben schneiden. Spargel, Zuckerschoten, Möhren und Gurkenscheiben auf einer Platte anrichten.

4. Für das Dressing Schalotte abziehen und in feine Würfel schneiden. Peperoni abtropfen lassen, längs aufschneiden, entkernen und in feine Stücke schneiden. Kapern abtropfen lassen und fein hacken. Essig mit Wein, Salz, Pfeffer und Zucker verrühren. Olivenöl unterschlagen und Kräuter, Schalottenwürfel, Peperonistücke und Kapern unterrühren. Das Dressing über die Salatzutaten träufeln und den Salatteller servieren.

Beilage: Knuspriges Stangenweißbrot.

Tipp: Die Salatsauce eignet sich auch gut für Blattsalate.

Der marktfrische Tipp:

Dill besitzt viele ätherische Öle, ist reich an Kalium, Natrium, Schwefel und Vitamin C. In der Küche verwendet man die Blütenstände, Blätter und Samen. Die Samen gibt man im Ganzen an Suppen, Kohl oder Brot, die Blätter an Kartoffel- und Gurkensalat, Eier, Lachs und gegrilltes Fleisch. Dill lässt sich gut einfrieren.

Frühjahr

Gemüsegulasch in Zitronensahne

Zubereitungszeit: etwa 50 Minuten

Pro Portion: E: 8 g, F: 19 g, Kh: 15 g, kJ: 1113, kcal: 266

4 Portionen

Zutaten:

1 Bund	Frühlingszwiebeln (etwa 250 g)
250 g	weiße Champignons
500 g	grüner Spargel
250 g	Zuckerschoten
250 g	Möhren
2 EL	Olivenöl
150 ml	Gemüsebrühe
200 g	Schlagsahne
	Salz
	frisch gemahlener Pfeffer
je ½ kleines Bund	Zitronenmelisse und Zitronenthymian

1. Frühlingszwiebeln putzen, waschen, abtropfen lassen und in etwa 5 cm lange Stücke schneiden. Champignons putzen, mit Küchenpapier abreiben, evtl. kurz abspülen und trockentupfen. Größere Champignons halbieren.

2. Von dem Spargel das untere Drittel schälen und die Enden abschneiden. Spargel waschen, abtropfen lassen und in etwa 5 cm lange Stücke schneiden. Von den Zuckerschoten die Enden abschneiden, Schoten waschen und abtropfen lassen.

3. Möhren putzen, schälen, waschen, abtropfen lassen und in Stifte schneiden. Möhrenstifte in kochendem Salzwasser etwa 5 Minuten garen, anschließend in ein Sieb geben, mit kaltem Wasser übergießen und abtropfen lassen.

4. Olivenöl in einem großen Topf erhitzen und vorbereitetes Gemüse portionsweise darin andünsten. Gemüsebrühe und Sahne hinzugießen und mit Salz und Pfeffer würzen, die Zutaten zum Kochen bringen und 10–15 Minuten bei schwacher Hitze garen.

5. Melisse und Thymian abspülen, trockentupfen und die Blättchen von den Stängeln zupfen. Blättchen klein schneiden, zu dem Gemüsegulasch geben und unterrühren. Mit Salz und Pfeffer abschmecken.

Beilage: Reis, Nudeln oder Rösti.

Tipp: Gemüsegulasch nach Belieben mit gehobeltem Parmesan bestreuen.

Der marktfrische Tipp:

Die Heimat der Zitronenmelisse liegt im östlichen Mittelmeerraum und in Vorderasien. Die frischen Blätter eignen sich für Salate, Wild-, Fisch-, Geflügel- und Pilzgerichte, aber auch in der süßen Küche für Fruchtsalate, Gelees und Bowlen.

Frühjahr

Schweinefilet mit Balsamicosauce

Zubereitungszeit: etwa 25 Minuten

Pro Portion: E: 36 g, F: 24 g, Kh: 10 g, kJ: 1872, kcal: 448

4 Portionen

Zutaten:

1	Kopfsalat

Für das Joghurtdressing:

300 g	Naturjoghurt
	Saft von
1	Zitrone
	Zucker
	Salz
	frisch gemahlener Pfeffer
einige Stängel	Dill
600 g	Schweinefilet
	Salz
	frisch gemahlener Pfeffer
4 EL	Rapsöl
2	Schalotten
200 ml	Balsamico-Essig
200 ml	Rotwein
100 ml	Fleischbrühe
1 EL	Zucker
40 g	Butter, eiskalt, in Würfel

1. Vom Kopfsalat die welken Blätter entfernen, die anderen vom Strunk lösen, die größeren Blätter kleiner zupfen, kleine Blätter ganz lassen. Den Salat in reichlich kaltem Wasser gründlich waschen und trockenschleudern.

2. Für das Dressing Joghurt mit Zitronensaft verrühren und mit Zucker, Salz und Pfeffer abschmecken. Dill kalt abspülen, trockentupfen und die Spitzen von den Stängeln zupfen, klein hacken und unterrühren.

3. Schweinefilet unter fließendem kalten Wasser abspülen, trockentupfen und Fett und Sehnen abschneiden, in etwa 2 cm dicke Stücke schneiden und mit Salz und Pfeffer würzen.

4. Öl in einer Pfanne erhitzen und die Filets 3 Minuten von jeder Seite anbraten und warm stellen. Schalotten abziehen, in kleine Würfel schneiden und in dem Bratfett anbraten.

5. Mit Balsamico-Essig, Rotwein und Fleischbrühe ablöschen, aufkochen und etwa 10 Minuten einkochen lassen, mit Zucker, Salz und Pfeffer würzen.

6. Das Joghurtdressing mit den Salatblättern vermengen.

7. Die Sauce vom Herd nehmen, die Butterwürfel zugeben und mit einem Stabmixer oder Schneebesen unterrühren. Die Lendchen mit der Sauce und dem Salat anrichten.

Beilage: Dazu passen Bandnudeln, Kroketten oder Kartoffelbrei.

Tipp: Würzen Sie die Sauce zusätzlich mit 1 Teelöffel gehacktem Thymian.

Der marktfrische Tipp:

Kopfsalat gibt es in grünen und rötlichen Varianten. Die Blätter sind weich, großlappig, feinadrig und glattrandig. Freilandsalat ist herzhafter im Geschmack als Treibhausware. Kopfsalat ist reich an Kalium, Kalzium, Phosphor und Eisen sowie an Provitamin A, B-Vitaminen und Vitamin C. Kopfsalat immer erst kurz vor dem Verzehr zubereiten, so bleibt er frisch und vitaminreich. Im Gemüsefach des Kühlschranks bleibt er, in feuchtes Papier eingewickelt, einige Tage frisch.

Frühjahr

Entenragout in Basilikum-Schalotten-Sauce

Zubereitungszeit: etwa 50 Minuten
Garzeit: etwa 80 Minuten

Pro Portion: E: 41 g, F: 56 g, Kh: 5 g, kJ: 2941, kcal: 703

4 Portionen

Zutaten:

4	Entenkeulen (je etwa 250 g)
	Salz
	frisch gemahlener Pfeffer
1½ EL	Speiseöl
3	Schalotten (etwa 125 g)
1 EL	Tomatenmark
150 ml	Geflügelbrühe
½ kleiner Kopf	Blumenkohl (etwa 400 g)
½	kleiner Romanesco (etwa 400 g)
1 kleiner Topf	Basilikum
100 ml	trockener Weißwein
100 g	Schlagsahne
	evtl. Speisestärke

1. Aus den Entenkeulen Knochen und Haut lösen und entfernen. Fleisch unter fließendem kalten Wasser abspülen, trockentupfen und in große Stücke schneiden, evtl. Sehnen entfernen. Mit Salz und Pfeffer bestreuen.

2. Speiseöl in einem Bräter erhitzen und Fleischstücke von allen Seiten kräftig darin anbraten.

3. Schalotten abziehen, in Scheiben schneiden, zu den Fleischstücken geben und mit anbraten. Tomatenmark unterrühren. Brühe hinzugießen, zum Kochen bringen und das Fleisch etwa 70 Minuten garen, evtl. etwas Wasser hinzufügen.

4. Von Blumenkohl und Romanesco Blätter und schlechte Stellen entfernen, den Strunk abschneiden. Blumenkohl und Romanesco waschen, abtropfen lassen, in Röschen teilen und in kochendem Salzwasser etwa 8 Minuten blanchieren. Anschließend in ein Sieb geben, mit kaltem Wasser übergießen und abtropfen lassen.

5. Basilikum abspülen und trockentupfen. Die Blättchen von den Stängeln zupfen (einige Blättchen beiseite legen) und in Streifen schneiden.

6. Wein und Sahne zum Fleisch geben. Basilikumstreifen hinzufügen.

7. Blumenkohl- und Romanescoröschen zum Ragout geben und mit den Gewürzen abschmecken, unter Rühren aufkochen lassen. Das Ragout nach Belieben mit Speisestärke binden und mit den beiseite gelegten Basilikumblättchen garniert servieren.

Beilage: Kleine Kartoffelklöße oder Kartoffelpüree.

Der marktfrische Tipp:

Die Heimat des Romanesco liegt im Mittelmeerraum. Saison hat er in Deutschland von Ende Mai bis Ende Oktober. Die Struktur dieser gelb-grünen Blumenkohlsorte erinnert an Minarett-Türmchen. Er schmeckt intensiver und weniger nach Kohl als Blumenkohl. Sehr jungen Romanesco kann man gut als Rohkost verarbeiten, vorwiegend wird er aber gekocht gegessen. Romanesco ist reich an Kalium, Vitamin K und C. Er lässt sich im Gemüsefach des Kühlschranks bis zu 3 Tage aufbewahren, dann vorher die Blätter entfernen.

Frühjahr

Kabeljauauflauf

Zubereitungszeit: etwa 20 Minuten
Garzeit: 20–30 Minuten

Pro Portion: E: 58 g, F: 42 g, Kh: 9 g, kJ: 2716, kcal: 649

4 Portionen

Zutaten:

600 g	Kabeljaufilet
	Salz
	frisch gemahlener Pfeffer
2	Avocados
	Saft von
2	Limetten
250 g	Kirschtomaten
4	Frühlingszwiebeln
1 Topf	Basilikum
300 g	Garnelen, ohne Schale
100 g	geriebener Gouda

1. Kabeljaufilet unter fließendem kalten Wasser abspülen, abtropfen lassen, trockentupfen, mit Salz und Pfeffer würzen und in eine flache, große Auflaufform legen.

2. Avocados halbieren, entkernen und die Avocadohälften schälen. Das Fruchtfleisch in Spalten schneiden und mit Limettensaft beträufeln. Kirschtomaten waschen und abtropfen lassen, evtl. halbieren. Frühlingszwiebeln putzen, waschen und in etwa 2 cm lange Stücke schneiden.

3. Basilikum abspülen, trockentupfen und die Blättchen von den Stängeln zupfen. Einige größere Blättchen in feine Streifen schneiden und zum Garnieren beiseite legen.

4. Von den Garnelen den Darm entfernen. Garnelen unter fließendem kalten Wasser abspülen und trockentupfen.

5. Avocadospalten, Garnelen, Kirschtomaten, Frühlingszwiebelstücke und Basilikumblättchen zu dem Fischfilet in die Auflaufform geben und mit Salz und Pfeffer bestreuen. Käse darauf streuen und die Form auf dem Rost im unteren Drittel in den vorgeheizten Backofen schieben.

Ober-/Unterhitze: etwa 200 °C
Heißluft: etwa 180 °C
Garzeit: 25–30 Minuten.

6. Kabeljauauflauf mit dem beiseite gelegten Basilikum bestreut sofort servieren.

Beilage: Salzkartoffeln oder Baguette.

Tipp: Anstatt Basilikum können Sie auch 1 Bund Dill verwenden.

Der marktfrische Tipp:

Die Avocado wird wegen ihrer Form und der cremigen Konsistenz auch Butterbirne genannt. Ursprünglich stammt sie aus Mexiko. Unabhängig vom Äußeren schmecken Avocados sahnig-mild und leicht nussartig. Der Fettgehalt ist relativ hoch (24 g Fett pro 100 g Frucht), das Fett ist aber leicht verdaulich und reich an ungesättigten Fettsäuren. Avocados sind reich an Vitamin E, B-Vitaminen, Eisen, Kalium, Kalzium und Magnesium. Reife Avocados halten sich im Gemüsefach im Kühlschrank einige Tage.

Marktfrische Küche im **April**

Frühjahr

Lachs auf Spitzkohl

Zubereitungszeit: etwa 35 Minuten
Garzeit: 25–30 Minuten

Pro Portion: E: 40 g, F: 34 g, Kh: 43 g, kJ: 3568, kcal: 853

4 Portionen

Zutaten:

4	Lachsfilets (je 150 g)
1 Kopf	Spitzkohl (800 g)
1	Zwiebel
50 g	Butter
250 ml (1/4 l)	Gemüsebrühe
	Salz
	frisch gemahlener Pfeffer
600 g	gekochte Pellkartoffeln
250 g	Schlagsahne
2 Pck.	Fix für Lachs-Sahne-Gratin
1 EL	körniger Senf

1. Lachsfilets unter fließendem kalten Wasser abspülen und trockentupfen.

2. Von dem Spitzkohl die äußeren Blätter entfernen, Spitzkohl vierteln und den Strunk herausschneiden, den Spitzkohl abspülen, abtropfen lassen und in Streifen schneiden. Zwiebel abziehen und würfeln.

3. Butter in einem Topf zerlassen und Zwiebelwürfel darin andünsten. Spitzkohlstreifen hinzufügen und unter Rühren andünsten. Gemüsebrühe hinzugießen, alles mit Salz und Pfeffer würzen und etwa 10 Minuten garen.

4. Den Spitzkohl in einem Sieb abtropfen lassen, dabei die Garflüssigkeit auffangen, mit Wasser auf 250 ml (1/4 l) auffüllen und zurück in den Topf geben.

5. Kartoffeln pellen, in Scheiben schneiden, mit den Kohlstreifen mischen und in eine flache Auflaufform geben.

6. Lachs mit Salz und Pfeffer bestreuen und auf die Kohl-Kartoffel-Mischung legen.

7. Sahne zu der Garflüssigkeit geben und Fix für Lachs-Sahne-Gratin und Senf unterrühren. Die Sauce über dem Lachs verteilen. Die Form auf dem Rost in den vorgeheizten Backofen schieben.

Ober-/Unterhitze: etwa 200 °C
Heißluft: etwa 180 °C
Garzeit: 25–30 Minuten.

Tipp: Garnieren Sie das Gratin mit Dill. Wenn Sie das Fix für das Lachs-Sahne-Gratin nicht bekommen, können Sie die Sauce unter Punkt 7 auch mit 25 g mit Wasser angerührtem Weizenmehl verrühren. Zusätzlich zu dem Senf dann noch 2–3 Esslöffel frischen, fein geschnittenen Dill hinzufügen und die Sauce mit Salz und Pfeffer abschmecken.

Der marktfrische Tipp:

Spitzkohl ist die sommerliche Variante des Weißkohls. Typisch ist der milde, aromatische Geschmack. Dank seiner zarten Struktur eignet er sich gut für Salate und als Rohkost, aber auch gedünstet als Gemüsebeilage oder als Hülle für Hackfleisch oder Getreide-Gemüse-Massen. Spitzkohl ist reich an Vitamin C, Provitamin A und Jod. Dabei liefern 100 g geputzter Kohl nur 24 kcal.

Frühjahr

Rhabarber-Crumble

Zubereitungszeit: etwa 30 Minuten
Backzeit: etwa 30 Minuten

Pro Portion: E: 4 g, F: 12 g, Kh: 43 g, kJ: 1285, kcal: 307

6–8 Portionen

Zutaten:

Für die Rhabarbermasse:

etwa 1 kg	Rhabarber
80 g	brauner Zucker
3 EL	Orangensaft

Für die Streusel:

150 g	Weizenmehl
25 g	kernige Haferflocken
80 g	brauner Zucker
100 g	weiche Butter

1. Für die Rhabarbermasse Rhabarber putzen, die Enden abschneiden und Rhabarber gut waschen. Dickere Stangen längs halbieren. Die Stangen in etwa 4 cm lange Stücke schneiden, in eine Gratinform (Ø 32 cm) geben und mit Zucker bestreuen. Orangensaft darüber verteilen.

2. Für die Streusel Mehl in eine Rührschüssel sieben, mit Haferflocken und Zucker mischen und Butter hinzufügen. Alle Zutaten mit Handrührgerät mit Knethaken oder mit den Händen zu Streuseln von gewünschter Größe verarbeiten.

3. Die Streusel auf den Rhabarberstücken verteilen. Die Form auf dem Rost in den vorgeheizten Backofen schieben.

Ober-/Unterhitze: etwa 200 °C
Heißluft: etwa 180 °C
Backzeit: etwa 30 Minuten.

4. Den Rhabarber-Crumble warm oder kalt servieren.

Beilage: Vanillesauce oder Vanilleeis.

Variante: Der Crumble schmeckt auch lecker, wenn Sie anstelle des Rhabarbers etwa 750 g Johannisbeeren (frisch oder TK) oder 750 g gedünstete Stachelbeeren (2 Gläser, Abtropfgewicht je 370 g) verwenden.

Tipp: Sie können den Rhabarber-Crumble auch in 6–8 Portionsförmchen servieren. Den Rhabarber in nur 1 cm lange Stücke schneiden, mit Orangensaft und Zucker mischen und in die Förmchen füllen. Dann mit Streuseln bestreuen und wie oben angegeben backen.

Der marktfrische Tipp:

Nur kurze Zeit, von April bis Juni, werden die rotgrünen Stangen angeboten. Jung geerntet schmeckt das Gemüse mild, später werden die Stangen faseriger und saurer. Neben den Vitaminen A, B und C, Kalium, Kalzium und Phosphor enthalten die Stangen reichlich Säure, weswegen er stark gezuckert werden muss. Die enthaltene Oxalsäure entzieht dem Körper Kalzium, darum immer mit einer Milchspeise zusammen verzehren. 100 g geputzter Rhabarber enthält 17 kcal.

Frühjahr

Frühlingszwiebelsuppe mit Käse-Kräuter-Bällchen

Zubereitungszeit: etwa 55 Minuten

Pro Portion: E: 11 g, F: 25 g, Kh: 27 g, kJ: 1707, kcal: 408

4 Portionen

Zutaten:

Für die Käse-Kräuter-Bällchen:

1	Brötchen (Semmeln)
100 g	Gouda
1/2 Bund	Petersilie
1	Ei (Größe S)
15 g	Speisestärke
40–50 g	Semmelbrösel
	Salz
	frisch gemahlener Pfeffer
	geriebene Muskatnuss
	heißes Salzwasser

Für die Suppe:

2 Bund	Frühlingszwiebeln (500 g)
50 g	Butter
1 1/2 EL	Weizenmehl
100 ml	trockener Weißwein
750 ml (3/4 l)	Gemüsebrühe
2	Tomaten (etwa 125 g)
100 g	Schlagsahne
	Salz
	frisch gemahlener Pfeffer

1. Für die Käsebällchen Brötchen in kaltem Wasser einweichen. Gouda in Würfel schneiden. Petersilie kalt abspülen, trockentupfen, die Blättchen von den Stängeln zupfen und pürieren oder fein hacken.

2. Das sehr gut ausgedrückte Brötchen mit Ei, Speisestärke, Semmelbröseln und Petersilie verkneten und die Masse mit Salz, Pfeffer und Muskat würzen.

3. Aus der Masse kleine Bällchen formen, dabei je einen Käsewürfel mit eindrehen. Die Bällchen in siedendem Salzwasser etwa 5 Minuten garen, bis sie an der Oberfläche schwimmen und mit einem Schöpflöffel herausnehmen.

4. Für die Suppe Frühlingszwiebeln putzen, waschen und in Ringe schneiden.

5. Butter in einem Topf erhitzen und Zwiebelringe darin andünsten. Mehl darüber stäuben und unter Rühren so lange erhitzen, bis das Mehl hellgelb ist.

6. Weißwein und Gemüsebrühe hinzugießen und mit einem Schneebesen durchschlagen, dabei darauf achten, dass keine Klümpchen entstehen. Alles zum Kochen bringen und etwa 15 Minuten bei schwacher Hitze köcheln lassen.

7. Tomaten waschen, abtropfen lassen, kreuzweise einschneiden und kurz in kochendes Wasser legen, mit kaltem Wasser abschrecken. Tomaten enthäuten und die Stängelansätze herausschneiden, Tomaten entkernen und in Würfel schneiden. Tomatenwürfel und Sahne in die Suppe geben und erhitzen.

8. Die Suppe mit Salz und Pfeffer würzen. Vor dem Servieren die Käsebällchen in die Suppe geben.

Tipp: Formen Sie anfangs nur 1 Käsebällchen und geben es in das siedende Wasser. Falls es auseinander fällt, noch etwa 1 Esslöffel Semmelbrösel unter die Masse kneten.

Der marktfrische Tipp:

Frühlingszwiebeln gibt es trotz des Namens das ganze Jahr. Sie sind nicht wie die Küchenzwiebel ausgereift und getrocknet, sondern weich und mild. Frühlingszwiebeln müssen rasch verarbeitet werden, da sie schnell welken. Sie sind kalorienarm (23 kcal pro 100 g geputzter Ware), aber reich an ätherischen Ölen, die appetitanregend und verdauungsfördernd wirken. Darüber hinaus haben Frühlingszwiebeln einen hohen Anteil an Vitamin B_1, B_2, C, Provitamin A sowie Kalzium, Phosphor und Eisen.

Frühjahr

Fruchtiger Eisbergsalat (Foto)

Zubereitungszeit: etwa 20 Minuten

Pro Portion: E: 3 g, F: 20 g, Kh: 35 g, kJ: 1468, kcal: 351

4 Portionen

Zutaten:

1 kleiner Kopf	Eisbergsalat
1 kleine Dose	Mandarinen (Abtropfgewicht 175 g)
1 kleine Dose	Ananasringe (Abtropfgewicht 340 g)
250 g	blaue Weintrauben

Für die Sauce:

250 g	Schlagsahne
	Saft von
1	Zitrone
etwas	Zucker, Salz, Pfeffer
etwas	Currypulver

1. Eisbergsalat putzen, vierteln und in Streifen schneiden, waschen und gut abtropfen lassen oder trockenschleudern.

2. Mandarinen und Ananas in ein Sieb geben und abtropfen lassen. Ananas in Stücke schneiden. Weintrauben waschen, abtrocknen, halbieren und entkernen. Die Salatzutaten in eine Schüssel geben.

3. Für die Sauce Sahne mit Zitronensaft halb steif schlagen und mit Zucker, Salz, Pfeffer und Currypulver würzen. Die Sauce vorsichtig mit den Salatzutaten vermischen und den Salat sofort servieren.

Tipp: Evtl. zusätzlich gewürfelten Blauschimmelkäse oder gehackte Walnusskerne unterheben.

Kohlrabisalat

Zubereitungszeit: etwa 30 Minuten, ohne Abkühlzeit

Pro Portion: E: 6 g, F: 3 g, Kh: 34 g, kJ: 837, kcal: 200

4 Portionen

Zutaten:

800 g	Kohlrabi
250 ml (1/4 l)	Wasser
1/4 TL	Salz
1 Dose	Mandarinen (Abtropfgewicht 175 g)
150 g	Äpfel

Für die Sauce:

300 g	Naturjoghurt (3,5 % Fett)
1 EL	Tomatenmark
2 EL	flüssiger Honig
	Salz
	frisch gemahlener Pfeffer
50 g	Rosinen
1 EL	gehackte Petersilie

1. Kohlrabi schälen, waschen und abtropfen lassen, vierteln und in dünne Scheiben schneiden.

2. Das Wasser zum Kochen bringen, Salz hinzufügen und Kohlrabischeiben darin bei schwacher Hitze etwa 2 Minuten mit Deckel garen, dann in einem Sieb abtropfen und erkalten lassen.

3. Mandarinen ebenfalls in einem Sieb abtropfen lassen. Äpfel waschen, schälen, vierteln, entkernen und würfeln.

4. Für die Sauce Joghurt mit Tomatenmark und Honig verrühren und mit Salz und Pfeffer würzen. Rosinen und Petersilie unterrühren.

5. Apfelwürfel, Kohlrabi und Mandarinen unter die Sauce mischen. Den Salat mit Salz und Pfeffer abschmecken.

Variante: Sie können die Kohlrabi auch roh verwenden. Die Kohlrabi vorbereiten und in kleine Würfel oder feine Streifen schneiden. Die Salatsauce dann nur mit 200 g Joghurt zubereiten. Anstatt Mandarinen kann 1 Bund Radieschen geputzt, gewaschen und in feine Scheiben geschnitten verwendet werden.

Tipp: Den Salat als Beilage zu gebratenem Fleisch servieren. Die Kohlrabi können schon einige Stunden vor dem Gebrauch zubereitet werden.

Frühjahr

Marinierter grüner Spargel mit Bandnudeln

Zubereitungszeit: etwa 35 Minuten

Pro Portion: E: 19 g; F: 14 g; Kh: 60 g; kJ: 1871; kcal: 447

4 Portionen

Zutaten:

Für den Spargel:

750 g	grüner Spargel
	Salzwasser
1 Prise	Zucker

Für die Nudeln:

3 l	Wasser
3 TL	Salz
300 g	Bandnudeln

Außerdem:

1	Bio-Orange (unbehandelt)
2 EL	Speiseöl, z. B. Walnussöl
	frisch gemahlener Pfeffer
2–3 EL	milder Balsamico-Essig
1/2 TL	Honig
200 g	Kirschtomaten
125 g	Mozzarella
1/2 Bund	frisches Basilikum

1. Den Spargel evtl. im unteren Drittel schälen und die unteren Enden abschneiden. Spargel abspülen und in mundgerechte Stücke schneiden. Spargelstücke in wenig Salzwasser mit etwas Zucker zugedeckt 5–8 Minuten dünsten, abgießen und gut abtropfen lassen.

2. Für die Nudeln Wasser in einem großen geschlossenen Topf zum Kochen bringen. Salz und Nudeln zugeben und die Nudeln im geöffneten Topf bei mittlerer Hitze nach Packungsanleitung bissfest kochen, dabei gelegentlich umrühren. Anschließend Nudeln in ein Sieb geben, mit heißem Wasser abspülen, abtropfen lassen und warm stellen.

3. Orange mit heißem Wasser abspülen, abtrocknen und etwa die Hälfte der Schale mit einer Küchenreibe fein abreiben. Saft auspressen.

4. Öl in einer großen, beschichteten Pfanne erhitzen, Spargel darin kurz anbraten und mit Salz und Pfeffer würzen. Orangenschale mit Saft, Essig und Honig verrühren und den Spargel damit beträufeln, die Pfanne von der Kochstelle nehmen und den Spargel einige Minuten darin marinieren.

5. Kirschtomaten waschen, abtrocknen und halbieren. Mozzarella abtropfen lassen und in feine Würfel schneiden. Basilikum abspülen und die Blättchen von den Stängeln zupfen.

6. Nudeln mit Spargel und Kirschtomaten vorsichtig mischen und auf Tellern anrichten. Mozzarellawürfel darauf verteilen und etwas anschmelzen lassen. Das Gericht mit etwas Pfeffer und Basilikumblättchen bestreuen und sofort servieren.

Variante:

Marinierter grüner Spargel mit Bandnudeln und Lachs:
Dafür 250 g Lachs kalt abspülen, trockentupfen und in 2 cm große Würfel schneiden. Die Zutaten bis Punkt 3 vorbereiten. Dann ab dem vierten Punkt 3 Esslöffel Öl erhitzen und zuerst die Lachswürfel etwa 3 Minuten unter Wenden braten. Den Spargel hinzufügen, 1 Minute mitbraten lassen, dann wie beschrieben weiterarbeiten. Die Mozzarellawürfel können weggelassen werden.

Tipp: Sie können das Gericht auch mit weißem Spargel zubereiten. Diesen dann ganz von oben nach unten schälen, holzige Endstücke abschneiden und in Salzwasser mit etwas Zucker etwa 10 Minuten kochen lassen.

Frühjahr

Gefüllte Auberginen

Zubereitungszeit: etwa 50 Minuten
Garzeit: etwa 30 Minuten

Pro Portion: E: 12 g, F: 20 g, Kh: 15 g, kJ: 1236, kcal: 294

4 Portionen

Zutaten:

4	Auberginen (je etwa 250 g)
1	kleine Gemüsezwiebel (etwa 250 g)
2	Knoblauchzehen
	Salz
4	Fleischtomaten (etwa 600 g)
1/2 Bund oder 1/2 Topf	Basilikum
	Salzwasser
4 EL	Speiseöl
	frisch gemahlener Pfeffer
80 g	geriebener Parmesan

Für die Sauce:

1 EL	Speiseöl
1 Pck. (450 g)	stückige Tomaten
2–3 EL	gemischte, gehackte Kräuter, z. B. Thymian, Rosmarin, Basilikum, Oregano
einige	Basilikumblättchen

1. Auberginen waschen, abtrocknen und einen Deckel abschneiden. Das Fruchtfleisch mit einem Löffel herauslösen, dabei einen etwa 1/2 cm breiten Rand stehen lassen. Fruchtfleisch in Würfel schneiden. Gemüsezwiebel abziehen und würfeln. Knoblauch abziehen und mit Salz zu einer Paste zerdrücken. Tomaten waschen, abtrocknen und die Stängelansätze herausschneiden, Tomaten halbieren, entkernen und in kleine Stücke schneiden. Basilikum abspülen, trockentupfen, die Blättchen von den Stängeln zupfen und fein hacken.

2. Auberginen in kochendem Salzwasser etwa 3 Minuten blanchieren, in ein Sieb geben, mit kaltem Wasser übergießen und abtropfen lassen, in eine große Auflaufform setzen.

3. Öl in einem Topf erhitzen. Etwa 200 g von den Zwiebelwürfeln hinzugeben und glasig dünsten. Auberginenwürfel und Tomatenstückchen hinzufügen und etwa 10 Minuten schmoren lassen. Knoblauchpaste und Basilikum unterrühren und mit Salz und Pfeffer würzen. Auberginen mit der Auberginen-Tomaten-Masse füllen und mit Käse bestreuen. Die Form auf dem Rost in den vorgeheizten Backofen schieben.

Ober-/Unterhitze: etwa 180 °C
Heißluft: etwa 160 °C
Garzeit: etwa 30 Minuten.

4. Für die Sauce Öl in einem Topf erhitzen und restliche Zwiebelwürfel darin glasig dünsten. Tomatenstückchen unterrühren und zum Kochen bringen, unter Rühren leicht kochen lassen. Mit Kräutern, Salz und Pfeffer würzen.

5. Die gefüllten Auberginen mit Basilikumblättchen garnieren und mit der Sauce servieren.

Beilage: Ofenwarmes Knoblauchbaguette oder Reis.

Tipp: Wenn Sie mögen, würzen Sie die Sauce zusätzlich mit 1 abgezogenen, gehackten Knoblauchzehe und 1 Lorbeerblatt.

Der marktfrische Tipp:

Auberginen gibt es in den unterschiedlichsten Farben und Formen. Unabhängig vom Äußeren ist das Fruchtfleisch immer weiß, von schwammiger Konsistenz und hat weiche Kerne. Als Nachtschattengewächs enthalten Auberginen Solanin, deswegen dürfen sie nicht roh verzehrt werden. Mit 17 kcal pro 100 g sind Auberginen ein kalorienarmes Gemüse, sie neigen aber dazu, sich mit Öl vollzusaugen. Das lässt sich vermindern, wenn man sie vor der Zubereitung in Scheiben schneidet, mit Salz/Zitronensaft einreibt und 30 Minuten ziehen lässt, abwäscht und abtrocknet.

Frühjahr

Geschmorte Forellenfilets (Foto)

Zubereitungszeit: etwa 40 Minuten

Pro Portion: E: 28 g, F: 30 g, Kh: 19 g, kJ: 1998, kcal: 477

4 Portionen

Zutaten:

1	junger Kohlrabi (etwa 200 g)
2	Möhren (etwa 200 g)
4	neue Kartoffeln (etwa 250 g)
1 Bund	Frühlingszwiebeln (etwa 250 g)
200 ml	Gemüsebrühe
200 g	Schlagsahne
	Salz, Pfeffer
2 EL	gehackte Kräuter, z. B. Kerbel, Petersilie, Dill, Schnittlauch
4	Forellenfilets (je etwa 120 g, vom Fischhändler filetieren lassen)
	Weizenmehl
4 EL	Speiseöl

1. Kohlrabi, Möhren und Kartoffeln schälen, waschen, trockentupfen und in Stifte schneiden. Frühlingszwiebeln putzen, waschen, trockentupfen und in etwa 2 cm große Stücke schneiden.

2. Gemüse in die Gemüsebrühe geben und etwa 10 Minuten garen, mit Sahne auffüllen, salzen und pfeffern und ohne Deckel etwas einkochen lassen, Kräuter unterrühren.

3. Inzwischen Forellenfilets unter fließendem kalten Wasser abspülen, trockentupfen, mit Salz und Pfeffer würzen und mit Mehl bestäuben. Öl in einer Pfanne erhitzen und Fischfilets kurz darin von beiden Seiten anbraten.

4. Fischfilets auf das Gemüse legen und 5 Minuten bei geschlossenem Deckel schmoren.

Beilage: Baguette oder Reis.

Tipp: Sie können das Gericht auch etwa 10 Minuten in einer geschlossenen Form auf dem Rost im vorgeheizten Backofen garen (Ober-/Unterhitze: etwa 200 °C, Heißluft: etwa 180 °C).
Das Gericht kann auch mit anderen Fischsorten, z. B. Zander- oder Heilbuttfilets zubereitet werden.

Gebratene Schollenfilets

Zubereitungszeit: etwa 55 Minuten

Pro Portion: E: 50 g, F: 26 g, Kh: 9 g, kJ: 2133, kcal: 510

4 Portionen

Zutaten:

12	Schollenfilets (je 50 g)
	Salz, Pfeffer
etwas	Weizenmehl
2	feste Äpfel, z. B. Braeburn (180 g)
200 g	weiße Champignons
1 Bund	Frühlingszwiebeln (etwa 200 g)
2 EL	Speiseöl
1 kleines Bund	Estragon
80 g	Butter oder Margarine

1. Schollenfilets unter fließendem kalten Wasser abspülen und trockentupfen, salzen, pfeffern und in Mehl wenden (das überschüssige Mehl abschütteln).

2. Äpfel waschen, trockenreiben, vierteln, entkernen und in kleine Stücke schneiden. Champignons putzen, mit Küchenpapier abreiben, evtl. abspülen, trockentupfen und je nach Größe halbieren oder vierteln.

3. Frühlingszwiebeln putzen, waschen, trockentupfen und den weißen Teil in etwa 2 cm lange Stücke schneiden.

4. Öl in einer beschichteten Pfanne erhitzen und die Schollenfilets darin kurz von beiden Seiten braten. Die Schollenfilets anschließend auf einer vorgewärmten Platte warm stellen.

5. Estragon kalt abspülen, trockentupfen, die Blättchen von den Stängeln zupfen und grob zerkleinern.

6. Butter oder Margarine erhitzen. Zunächst Frühlingszwiebelstücke, dann Champignons und zum Schluss die Apfelstücke darin schmoren. Mit Salz, Pfeffer und Estragon würzen. Die Gemüse-Apfel-Mischung mit den Schollenfilets anrichten.

Frühjahr

Lammfilet mit Spitzkohl und Kartoffeln

Zubereitungszeit: etwa 50 Minuten

Pro Portion: E: 37 g, F: 23 g, Kh: 31 g, kJ: 2048, kcal: 488

4 Portionen

Zutaten:

700 g	fest kochende Kartoffeln
	Wasser
1 TL	Salz
800–1000 g	Spitzkohl
600 g	ausgelöstes Lammrückenfilet (Lammlachs)
	frisch gemahlener Pfeffer
1 TL	gerebelter Thymian
3 EL	Speiseöl, z. B. Rapsöl
	Salz
200 g	Schlagsahne
	geriebene Muskatnuss
2 Stängel	Thymian

1. Kartoffeln waschen, schälen, abspülen und mit Wasser und Salz in einem Topf zum Kochen bringen. Kartoffeln in 20 Minuten gar kochen, anschließend abgießen.

2. Vom Spitzkohl die äußeren welken Blätter entfernen. Den Spitzkohl vierteln und den Strunk herausschneiden. Spitzkohl in feine Streifen schneiden, waschen und gut abtropfen lassen.

3. Lammfilet unter fließendem kalten Wasser abspülen, trockentupfen und mit Pfeffer und Thymian bestreuen. Öl in einer Pfanne erhitzen und das Lammfilet darin von beiden Seiten 10–12 Minuten braten. Lammfilet mit Salz bestreuen, in Alufolie wickeln und kurz ruhen lassen.

4. Spitzkohlstreifen mit Sahne in einen Topf geben und den Spitzkohl etwa 6 Minuten dünsten, mit Salz, Pfeffer und Muskat würzen.

5. Thymian abspülen, trockentupfen und die Blättchen von den Stängeln zupfen.

6. Lammfilet aus der Folie wickeln und in Scheiben schneiden. Filetscheiben mit Spitzkohl und Kartoffeln anrichten. Mit Thymian bestreut servieren.

Tipp: Sie können die Spitzkohlstreifen auch mit 1 abgezogenen, gewürfelten Zwiebel in 1 Esslöffel Butter andünsten, die Sahne zugeben und zu Ende garen.

Der marktfrische Tipp:

Thymian ist ein klassisches Gewürz für die mediterrane Küche und Bestandteil der Kräutermischung „Kräuter der Provence“. Thymian schmeckt aromatisch bitter, er unterstützt die Verdauung fetter Speisen und passt zu Gemüse, Geflügel, Wild, Lamm, Fisch und Schalentiere. Thymian wird frisch und getrocknet angeboten.

Frühjahr

Frühlings-Gemüse-Wähe

Zubereitungszeit: etwa 20 Minuten
Backzeit: 20–25 Minuten

Pro Portion: E: 22 g, F: 42 g, Kh: 27 g, kJ: 2390, kcal: 573

4 Portionen

Zutaten:

Für den Belag:

150 g	Kohlrabi
150 g	Möhren
150 g	Zuckerschoten
250 ml (1/4 l)	Gemüsebrühe

Für den Guss:

200 g	geriebener Gouda
1 Becher (150 g)	Crème fraîche
2	Eier (Größe M)
1–2 EL	Milch
1 TL	Speisestärke
	Salz
	frisch gemahlener Pfeffer
1 Pck.	Blätterteig aus dem Kühlregal (Ø 32 cm, 230 g)

Zum Garnieren:

einige	Kerbelstängel

1. Für den Belag Kohlrabi schälen. Möhren putzen und schälen. Kohlrabi und Möhren waschen, abtropfen lassen und in dünne Scheiben schneiden. Von den Zuckerschoten die Enden abschneiden, die Schoten evtl. abfädeln, waschen und abtropfen lassen.

2. Gemüsebrühe zum Kochen bringen und die Gemüsesorten darin nacheinander jeweils 3 Minuten garen. Mit einem Schaumlöffel herausnehmen und in einem Sieb gut abtropfen lassen.

3. Für den Guss Käse mit Crème fraîche, Eiern, Milch und Speisestärke verrühren. Guss mit Salz und Pfeffer abschmecken.

4. Den Blätterteig in eine Tarteform (Ø 28 cm, gefettet) legen. Etwa ein Drittel vom Guss auf den Teigboden geben und glatt streichen. Gemüse darauf verteilen und den restlichen Guss darauf geben. Die Form auf dem Rost im unteren Drittel in den vorgeheizten Backofen schieben.

Ober-/Unterhitze: etwa 200 °C
Heißluft: etwa 180 °C
Backzeit: 20–25 Minuten.

5. Kerbel abspülen, trockentupfen und die Blättchen von den Stängeln zupfen. Die Frühlings-Gemüse-Wähe mit den Kerbelblättchen garniert warm servieren.

Tipp: Würzen Sie den Käse-Guss zusätzlich mit geriebener Muskatnuss.

Variante: Spargelwähe:
Dafür je 250 g weißen und grünen Spargel waschen und schälen. Den weißen Spargel von oben nach unten dünn schälen, den grünen Spargel nur im unteren Drittel schälen. Den weißen Spargel in Gemüsebrühe etwa 8 Minuten und den grünen Spargel etwa 3 Minuten garen. Gut abgetropft weiterverwenden wie oben ab Punkt 3 beschrieben.

Der marktfrische Tipp:

Kohlrabi schmeckt angenehm süßlich, aber kaum nach Kohl, seine Konsistenz ist fest und saftig. Die Knolle enthält Vitamin C, E, Folsäure und Selen, außerdem Kalium, Magnesium und Kupfer. Die Blätter sind wegen ihres höheren Gehalts an Vitaminen und Mineralstoffen noch wertvoller und sollten mitverarbeitet werden. 100 g geputzter Kohlrabi liefert 24 kcal. Im Gemüsefach des Kühlschranks kann Kohlrabi etwa 1 Woche gelagert werden, die Blätter dann aber entfernen.

Frühjahr

Erdbeer-Tiramisu (Foto)

Zubereitungszeit: etwa 20 Minuten, ohne Kühlzeit

Pro Portion: E: 8 g, F: 48 g, Kh: 37 g, kJ: 2784, kcal: 666

4 Portionen

Zutaten:

150 g	Cantuccini (italienisches Mandelgebäck)
50 ml	frisch gepresster Orangensaft
50 ml	Orangenlikör
250 g	Erdbeeren
25 g	gesiebter Puderzucker oder Zucker
2 Becher (je 200 g)	Schlagsahne
2 Pck.	Dr. Oetker Sahnesteif
1 Pck.	Dr. Oetker Vanillin-Zucker
50 g	Zucker
150 g	Naturjoghurt
1 Becher (125 g)	Crème double oder Crème fraîche

1. Cantuccini in eine große Auflaufform legen. Orangensaft und -likör mischen und die Cantuccini damit beträufeln.

2. Erdbeeren waschen, gut abtropfen lassen und entstielen. Die Erdbeeren halbieren und mit der Schnittfläche nach unten auf die Cantuccini legen. Mit Puderzucker oder Zucker bestreuen.

3. Sahne mit Sahnesteif, Vanillin-Zucker und Zucker steif schlagen und Joghurt und Crème double oder Crème fraîche unterrühren, die Masse auf die Erdbeeren streichen und etwa 3 Stunden kalt stellen.

Tipp: Nach Belieben das Tiramisu vor dem Servieren mit Erdbeeren garnieren oder mit Kakao bestäuben. Wer das Tiramisu schon am Vortag zubereiten möchte, sollte 2 Blatt weiße Gelatine (nach Packungsanleitung verarbeitet) unter die Sahne-Joghurtmasse geben. Statt Orangenlikör kann auch Orangensaft verwendet werden.

Obstsalat

Zubereitungszeit: etwa 25 Minuten

Pro Portion: E: 2 g, F: 3 g, Kh: 21 g, kJ: 532, kcal: 127

4 Portionen

Zutaten:

1	mittelgroßer Apfel (125 g)
1	kleine Mango (250 g)
1	Nektarine (75 g)
1	mittelgroße Orange (150 g)
1	Kiwi (50 g)
100 g	Erdbeeren
3 EL	Zitronensaft
3 EL	Orangensaft oder Orangenlikör
30 g	Zucker
30 g	abgezogene, gehackte Mandeln

1. Den Apfel schälen, vierteln und entkernen. Mango schälen, halbieren und das Fruchtfleisch vom Stein lösen. Nektarine waschen, abtrocknen, halbieren und entsteinen.

2. Orange schälen und filetieren. Kiwi schälen. Das vorbereitete Obst in kleine Stücke schneiden. Erdbeeren waschen, gut abtropfen lassen, entstielen und in Stücke schneiden.

3. Das Obst mit Zitronensaft, Orangensaft oder Orangenlikör und Zucker vermengen und in eine Glasschale füllen.

4. Die Mandeln in einer Pfanne ohne Fett rösten und den Obstsalat damit bestreuen.

Tipp: Dazu schmeckt Schlagsahne (nach Belieben mit Eierlikör abgeschmeckt) oder Vanillesauce.

Frühjahr

Luftige T-Shirts wetteifern mit den Farben der angebotenen Gemüse. Sattrote Tomaten, fröhliche Radieschen, feurige Paprika in der grün bewegten Landschaft von Eichblatt, Endivien, Rucola und Brokkoli. Vitaminreich folgen Auberginen und Zucchini, knackige Gurken helfen beim Garnieren. In der Sommer-Sonnen-Urlaubszeit präsentiert sich unser Wochenmarkt als Salatbar ohne Grenzen.

Sommer

Spargeleintopf

Zubereitungszeit: etwa 60 Minuten

Pro Portion: E: 7 g, F: 9 g, Kh: 23 g, kJ: 846, kcal: 202

4–6 Portionen

Zutaten:

800 g	weißer Spargel
300 g	grüner Spargel
2 l	Wasser
2 TL	Zucker
2 TL	Salz
	frisch gemahlener Pfeffer
2	Zwiebeln
2	Knoblauchzehen
50 g	frische Ingwerwurzel
50 g	Butter
500 g	neue Kartoffeln
250 g	Möhren
1	kleiner Kohlrabi
100 g	Zuckerschoten
1 Bund	Petersilie

1. Den weißen Spargel von oben nach unten schälen, darauf achten, dass die Schalen vollständig entfernt, die Köpfe aber nicht verletzt werden. Die unteren Enden abschneiden (holzige Stellen vollkommen entfernen). Von dem grünen Spargel das untere Drittel schälen, die unteren Enden abschneiden. Spargelstangen, -schalen und -enden waschen und abtropfen lassen.

2. Spargelschalen und -enden in einem Topf mit Wasser, Zucker, Salz und Pfeffer zum Kochen bringen und zugedeckt etwa 10 Minuten leicht kochen lassen. Anschließend durch ein Sieb geben und den Spargelfond dabei auffangen.

3. Zwiebeln und Knoblauch abziehen und in kleine Würfel schneiden. Ingwer schälen und ebenfalls in kleine Würfel schneiden. Butter in einem großen Topf zerlassen und Zwiebel-, Knoblauch- und Ingwerwürfel darin glasig dünsten. Spargelfond hinzugießen und zum Kochen bringen. Kartoffeln waschen, schälen, abspülen und in kleine Würfel schneiden. Kartoffelwürfel im Spargelfond etwa 5 Minuten leicht kochen lassen.

4. Möhren putzen, schälen, waschen, abtropfen lassen und in Scheiben schneiden. Kohlrabi schälen, abspülen, abtropfen lassen und zuerst in Scheiben, dann in Würfel schneiden. Den weißen Spargel in 2–3 cm große Stücke schneiden. Die Zutaten zum Spargelfond geben und zugedeckt etwa 10 Minuten kochen lassen. Den grünen Spargel ebenfalls in 2–3 cm große Stücke schneiden und hinzufügen. Den Eintopf zugedeckt weitere etwa 5 Minuten kochen lassen.

5. Zuckerschoten waschen und abtropfen lassen. Je nach Größe 2–3 mal durchschneiden. Zuckerschoten zum Eintopf geben und etwa 1 Minute mitkochen lassen. Mit Salz und Pfeffer abschmecken.

6. Petersilie abspülen und trockentupfen. Die Blättchen von den Stängeln zupfen und fein hacken. Den Eintopf mit Petersilie bestreut servieren.

Beilage: Kleine Brötchen.

Tipp: 150 g Crème légère unter den Eintopf rühren.

Der marktfrische Tipp:

Je nach Region und Witterung beginnt die Erntesaison Anfang bis Ende April und dauert bis zum 24. Juni. Es gibt weißen und grünen Spargel. Weißer Spargel wächst unter der Erde in Hügelbeeten, grüner oberirdisch. Grüner Spargel schmeckt etwas herzhafter und er enthält mehr Vitamin C und Karotin. Beide haben einen hohen Anteil B_1, B_2 und Folsäure und enthalten reichlich Kalium. Mit einem Wassergehalt von 95 % ist Spargel sehr kalorienarm, 100 g geputzte Ware enthalten nur 18 kcal.

Sommer

Frühsommerlicher Blattsalat

Zubereitungszeit: etwa 30 Minuten, ohne Marinierzeit

Pro Portion: E: 23 g, F: 14 g, Kh: 7 g, kJ: 1024, kcal: 245

4 Portionen

Zutaten:

2	Hähnchenbrustfilets (je etwa 180 g)
3 EL	Sojasauce
1 TL	flüssiger Honig
	Salz
	frisch gemahlener Pfeffer
2	Möhren
2	Frühlingszwiebeln
125 g	Cocktailtomaten
400 g	verschiedene Salate, z. B. Frisée, Rucola

Für das Salatdressing:

2 EL	Weißweinessig
	Salz
	frisch gemahlener Pfeffer
	Zucker
1 EL	gemischte gehackte Kräuter, z. B. Petersilie, Kerbel, Schnittlauch
4–5 EL	Olivenöl
2 EL	Speiseöl, z. B. Olivenöl

1. Hähnchenbrustfilets unter fließendem kalten Wasser abspülen, trockentupfen und in mundgerechte Stücke schneiden. Sojasauce mit Honig verrühren und mit den Hähnchenstücken vermischen, mit Salz und Pfeffer würzen und zugedeckt im Kühlschrank 20–30 Minuten marinieren.

2. Möhren putzen, schälen, waschen, abtropfen lassen und zuerst längs in dünne Scheiben, dann in kleine Stifte schneiden. Frühlingszwiebeln putzen, waschen, abtropfen lassen und in dünne Scheiben schneiden. Cocktailtomaten waschen, abtrocknen, halbieren und die Stängelansätze herausschneiden.

3. Von den Salatsorten die äußeren welken Blätter entfernen, Rucola verlesen und dicke Stängel abschneiden. Salate gründlich waschen, trockentupfen oder trockenschleudern und in mundgerechte Stücke zupfen.

4. Für das Salatdressing Essig mit Salz, Pfeffer, Zucker und Kräutern verrühren. Öl unterschlagen. Möhrenstifte mit Frühlingszwiebelringen, Tomatenhälften, Salaten und dem Salatdressing mischen.

5. Speiseöl in einer großen Pfanne erhitzen und Hähnchenstücke darin unter Rühren etwa 5 Minuten braten, mit Salz und Pfeffer würzen und auf den Salat geben.

Beilage: Ciabatta.

Tipp: Anstelle von Hähnchenbrustfilet kann auch Putenbrustfilet oder Schweinefilet verwendet werden.

Der marktfrische Tipp:

Der Friséesalat oder Krause Endivie ist ein naher Verwandter der Zichorie. Die weit geöffneten Köpfe changieren farblich von gelb über grün bis rötlich und haben ein zartgelbes Herz. Endivien schmecken pikant und angenehm bitter herb. Diese Bitterstoffe sind verantwortlich für die appetitanregende Wirkung. Endivien enthalten Kalium, Folsäure und Zink. 100 g geputzte Ware liefern nur 14 kcal.

Sommer

Aufschnitt in Radieschen-Vinaigrette

Zubereitungszeit: etwa 30 Minuten, ohne Marinierzeit

Pro Portion: E: 36 g, F: 32 g, Kh: 1 g, kJ: 1841, kcal: 439

4 Portionen

Zutaten:

Für die Vinaigrette:

1 Bund	Radieschen (etwa 200 g)
2 Pck.	Gartenkresse
1 EL	mittelscharfer Senf
3 EL	milder Weißweinessig
8 EL	Olivenöl
	Salz
	frisch gemahlener Pfeffer
1 Bund	Schnittlauch
250 g	Rinderbratenaufschnitt
250 g	Schweinebratenaufschnitt

1. Für die Vinaigrette von den Radieschen Grün, Wurzelenden und schlechte Stellen abschneiden. Radieschen waschen, abtropfen lassen, fein hacken und in eine Schüssel geben.

2. Kresse abspülen, abschneiden und trockentupfen. Senf mit Weißweinessig und Kresse verrühren, Olivenöl unterschlagen und unter die gehackten Radieschen rühren. Vinaigrette mit Salz und Pfeffer abschmecken.

3. Schnittlauch kalt abspülen, trockentupfen und in kleine Röllchen schneiden.

4. Bratenaufschnitt auf einer großen Platte anrichten und mit der Radieschen-Vinaigrette beträufeln. Schnittlauchröllchen darauf streuen und etwa 30 Minuten marinieren.

Beilage: Vollkornbaguette.

Variante:

Putenbrustaufschnitt mit Eier-Senf-Sauce: Dafür 2 hart gekochte Eier pellen und in Würfel schneiden. 1 Zwiebel abziehen und mit 2 Gewürzgurken in feine Würfel schneiden. 1 1/2 Esslöffel mittelscharfen Senf mit Salz, Pfeffer, 1/2 Teelöffel Zucker und 3 Esslöffeln weißen Balsamico-Essig verrühren. Nach und nach 100 ml Olivenöl unterschlagen, Eier-, Zwiebel- und Gurkenwürfel unterrühren und nochmals mit Salz, Pfeffer und Zucker abschmecken. 500 g Putenbrustaufschnitt auf einer Platte anrichten. Eier-Senf-Sauce darüber geben und mit Kerbelblättchen garniert servieren.

Tipp: Statt Rinder- und Schweinebratenaufschnitt eignet sich auch Kalb- oder Geflügelfleischaufschnitt.

Der marktfrische Tipp:

Radieschen sind meist kugelig rund und rot, können aber auch langoval und weiß oder rosa sein. Immer aber sollen sie knackig, saftig und scharf sein. Sie enthalten Kalium und Eisen, aber nur 14 kcal pro 100 g geputzter Ware. Radieschen können im Kühlschrank 2 Tage gelagert werden, dafür vorher das Grün abschneiden und die Radieschen in ein feuchtes Tuch einschlagen oder in eine luftdicht verschlossene Dose legen.

Sommer

Grüner Spargel mit gebratenem Hähnchen

Zubereitungszeit: etwa 30 Minuten **Pro Portion:** E: 34 g, F: 22 g, Kh: 8 g, kJ: 1545, kcal: 369 **4 Portionen**

Zutaten:

700 g	grüner Spargel
400 g	Hähnchenbrustfilet
40 g	frische Ingwerwurzel
1	Knoblauchzehe
1 TL	Speisestärke
1 TL	Currypulver
2 EL	Sojasauce
6 EL	Olivenöl
40 g	Pinienkerne
80 g	Katenschinkenwürfel
250 g	Cocktail- oder Cherry-Tomaten
	Salz
	frisch gemahlener Pfeffer
	Sojasauce
1/2 Bund	Petersilie

1. Vom Spargel das untere Drittel schälen und die unteren Enden abschneiden. Den Spargel in etwa 2 cm große Stücke schneiden. Spargelstücke abspülen und abtropfen lassen.

2. Hähnchenbrustfilet unter fließendem kalten Wasser abspülen und trockentupfen. Hähnchenbrust in etwa 1 cm große Würfel schneiden. Ingwer und Knoblauch schälen und in feine Würfel schneiden.

3. Die Hähnchenbrustwürfel mit Ingwer- und Knoblauchwürfeln, Speisestärke, Curry und Sojasauce mischen.

4. Olivenöl in einer großen Pfanne erhitzen und die Hähnchenbrustwürfel-Mischung von allen Seiten darin anbraten. Spargelstücke hinzugeben und weitere 2 Minuten braten.

5. Pinienkerne und Schinkenwürfel hinzugeben und kurz durchschwenken. Tomaten abspülen, trockentupfen und evtl. Stängelansätze entfernen. Tomaten hinzugeben und mit erhitzen. Die Hähnchenpfanne mit Salz, Pfeffer und Sojasauce abschmecken.

6. Petersilie abspülen, trockentupfen, die Blättchen von den Stängeln zupfen und fein hacken. Die Petersilie unter die Hähnchenpfanne heben und sofort servieren.

Beilage: Basmatireis oder Eiernudeln.

Tipp: Sie können anstatt Currypulver auch das 5-Gewürz-Pulver zum Würzen verwenden.

Der marktfrische Tipp:

Ingwer ist der verzweigte Wurzelstock der Ingwerpflanze und wird seit Jahrtausenden im asiatischen Raum als Gewürz- und Heilpflanze verwendet. Neben Kalium, Kalzium und Eisen enthält Ingwer viele ätherische Öle, die u. a. die Verdauung anregen, gegen Muskel- und Gelenkschmerzen, Erkältung und Reisekrankheit helfen. Ingwer schmeckt würzig scharf, leicht süßlich und passt hervorragend zu Gemüse-, Fleisch- und Fischgerichte. Ingwer wird frisch, getrocknet und gemahlen, kandiert und in Sirup eingelegt angeboten.

Sommer

Poulardenbrust auf Gemüse

Zubereitungszeit: etwa 45 Minuten **Pro Portion:** E: 42 g, F: 46 g, Kh: 20 g, kJ: 2767, kcal: 661 **4 Portionen**

Zutaten:

4	Poulardenbrüste (je etwa 175 g)
	Salz
	frisch gemahlener Pfeffer
3–4 EL	Speiseöl
1 Bund	Frühlingszwiebeln
125 g	Zuckerschoten
1 Bund	junge Möhren
125 g	frische Maiskölbchen (aus dem Asialaden, ersatzweise aus der Dose)
2 EL	Austernsauce
2 EL	Fischsauce
1 Prise	Zucker
1 Stängel	frische Minze
1 Stängel	Thai-Basilikum (aus dem Asialaden)

1. Poulardenbrüste unter fließendem kalten Wasser abspülen, mit Küchenpapier abtupfen, mit Salz und Pfeffer würzen und mit etwas von dem Öl im Wok nacheinander von allen Seiten gut anbraten. Die Stücke aus dem Wok nehmen, in den vorgeheizten Backofen (Ober-/Unterhitze etwa 180 °C) schieben und in 10–12 Minuten fertig braten lassen. Anschließend die Poulardenbrüste mit Alufolie bedecken und warm stellen.

2. In der Zwischenzeit Frühlingszwiebeln putzen, abspülen und schräg in dünne Scheiben schneiden. Zuckerschoten abspülen, putzen und die großen schräg halbieren. Möhren schälen, putzen, abspülen und in Scheiben schneiden.

3. Restliches Öl im Wok erhitzen und zuerst die Möhren, dann nach und nach Maiskölbchen und die restlichen Gemüsesorten hinzugeben und insgesamt etwa 5 Minuten unter Rühren dünsten (das Gemüse soll bissfest bleiben). Anschließend das Gemüse mit Austernsauce, Fischsauce und Zucker würzen und evtl. mit Salz und Pfeffer abschmecken.

4. Minze und Thai-Basilikum abspülen und trockentupfen. Blätter von den Stängeln zupfen (einige Basilikumblätter zum Garnieren beiseite legen), in Streifen schneiden und unter das Gemüse heben. Die Gemüsemischung sofort auf 4 Teller verteilen. Die Poulardenbrüste schräg halbieren, auf die Teller setzen und mit dem beiseite gelegten Basilikum garnieren.

Beilage: Basmatireis oder dünne, in Butter geschwenkte Bandnudeln.

Tipp: Sie können die Putenbrüste statt im Backofen auch im Wok fertig garen. Dazu nach dem Anbraten die Brüste bei mittlerer Hitze darin in 10–12 Minuten fertig braten, dabei gelegentlich wenden.

Der marktfrische Tipp:

Zuckermais oder Gemüsemais stammt ursprünglich aus Mittelamerika und ist durch Mutation aus Futtermais entstanden. Mais wird von Juli bis Oktober geerntet, wenn die Körner mit einer cremig-milchigen Flüssigkeit gefüllt sind. Zuckermais ist gekühlt nur wenige Tage lagerfähig, da sich der Zucker in Stärke umwandelt. Mais enthält Kalium, Phosphor, Magnesium sowie Provitamin A, B-Vitamine und Vitamin C. Minimais sind die unreif geernteten, etwa 10 cm langen Kölbchen des Zuckermais. In Asien als Gemüse sehr beliebt, bei uns vor allem sauer eingelegt bekannt.

Sommer

Kartoffel-Gemüse-Auflauf

Zubereitungszeit: etwa 30 Minuten
Garzeit: etwa 35 Minuten

Pro Portion: E: 28 g, F: 33 g, Kh: 38 g, kJ: 2387, kcal: 571

4 Portionen

Zutaten:

1 kg	gegarte Pellkartoffeln
2	große Möhren
250 ml (1/4 l)	Wasser
1/2 TL	Salz
1	Zucchini (etwa 300 g)
2	Knoblauchzehen
2 EL	Olivenöl
	Salz
	frisch gemahlener Pfeffer
	Kräuter der Provence
200 g	gekochter Schinken in Scheiben
150 g	geriebener Gouda
200 g	Schlagsahne

1. Kartoffeln pellen und der Länge nach in Spalten schneiden. Möhren putzen, schälen, waschen, abtropfen lassen und in Scheiben schneiden. Wasser mit Salz in einem Topf zum Kochen bringen und die Möhrenscheiben darin etwa 10 Minuten garen. Anschließend in einem Sieb abtropfen lassen.

2. Zucchini waschen, abtrocknen, die Enden abschneiden und Zucchini in dünne Scheiben schneiden. Knoblauch abziehen und fein hacken. Olivenöl in einer Pfanne erhitzen und den Knoblauch darin andünsten. Zucchini dazugeben und kurz mit andünsten. Mit Salz, Pfeffer und Kräutern abschmecken und mit den Kartoffelspalten in eine flache Auflaufform geben.

3. Schinken in etwas breitere Streifen schneiden und auf das Kartoffel-Zucchini-Gemüse in die Auflaufform legen. Die Hälfte des Käses unter die Sahne rühren und mit Salz, Pfeffer und Kräutern würzen. Den Auflauf mit der Käse-Sahne übergießen und mit dem restlichen Käse bestreuen. Die Form auf dem Rost in den vorgeheizten Backofen schieben.

Ober-/Unterhitze: etwa 200 °C
Heißluft: etwa 180 °C
Garzeit: etwa 35 Minuten.

Tipp: Verwenden Sie anstatt Schlagsahne 150 g saure Sahne und 50 ml Möhrenkochsud.

Variante: Anstatt des Schinkens 4–6 hart gekochte, gepellte, in Sechstel geschnittene Eier mit den anderen Zutaten in die Auflaufform schichten. Die Goudamenge auf 200 g erhöhen.

Der marktfrische Tipp:

Knoblauch ist eines der ältesten Gewürz- und Heilmittel. Sein bedeutendster Wirkstoff ist das Allicin, das in Kombination mit den Vitaminen A, B, C und E und Selen, Zink, Phosphor und Kalzium die Immunabwehr stärkt und den Stoffwechsel aktiviert. Knoblauch immer nur vorsichtig erhitzen, da er sonst bitter schmeckt. Er eignet sich für fast alle Gerichte, wenn man den Geschmack mag, besonders für mediterrane Speisen und indische Currys. Wenn man nur den Geschmack möchte, die Zehen ungeschält mitgaren.

Sommer

Kabeljau mit Spitzkohl und Kartoffelpüree

Zubereitungszeit: etwa 35 Minuten

Pro Portion: E: 40 g, F: 36 g, Kh: 45 g, kJ: 2872, kcal: 688

4 Portionen

Zutaten:

Für das Kartoffelpüree:

1 kg	mehlig kochende Kartoffeln
	Salz
50 g	Butter oder Margarine
etwa 250 ml (1/4 l)	heiße Milch

Für den Spitzkohl:

900 g	Spitzkohl
200 g	Möhren
1	Zwiebel
2 EL	Speiseöl
125 ml (1/8 l)	Gemüsebrühe
1 Becher (150 g)	Crème fraîche
50 g	Schinkenwürfel
	geriebene Muskatnuss
600 g	Kabeljaufilet
	Salz, Pfeffer
	Saft von
1/2	Zitrone
6 EL	Rapsöl
3 EL	Weizenmehl
1	Bio-Zitrone in Spalten geschnitten
1–2 EL	gehackte Petersilie

1. Für das Kartoffelpüree Kartoffeln schälen, abspülen und in Stücke schneiden, in einen Topf geben, 1 Teelöffel Salz darüber streuen, mit Wasser knapp bedecken und zum Kochen bringen. Kartoffeln mit Deckel in etwa 20 Minuten gar kochen.

2. Spitzkohl putzen, halbieren, den Strunk herausschneiden und den Kohl in etwa 2 cm große Stücke schneiden. Kohlwürfel in kochendem Salzwasser 2 Minuten blanchieren und abgießen.

3. Möhren putzen, schälen, waschen und in dünne Scheiben schneiden. Zwiebel abziehen und würfeln. Öl erhitzen und Zwiebelwürfel, Möhrenscheiben und Spitzkohlstücke darin andünsten. Brühe zugeben und etwa 10 Minuten garen, Crème fraîche und Schinkenwürfel zugeben und weitere 2–3 Minuten garen. Mit Salz und Muskat abschmecken.

4. Kabeljau unter fließendem kalten Wasser abspülen, trockentupfen und mit Salz, Pfeffer und Zitronensaft würzen. In einer Pfanne das Öl erhitzen. Kabeljau in Mehl wenden, überschüssiges Mehl abschütteln und in dem Öl etwa 10 Minuten braten, dabei einmal wenden.

5. Kartoffeln abgießen, mit einem Kartoffelstampfer zerdrücken und Butter oder Margarine zugeben. Milch mit einem Schneebesen oder Kochlöffel nach und nach unterrühren und so lange rühren, bis eine lockere Masse entstanden ist. Mit Salz und Muskat abschmecken.

6. Kabeljau mit Zitronenspalten garnieren, Spitzkohl mit Petersilie bestreuen und alles mit Kartoffelpüree servieren.

Der marktfrische Tipp:

Muskatnuss wird in Südamerika, Asien und Afrika kultiviert und wächst auf Bäumen. Muskatnuss wird frisch gerieben verwendet, da das Aroma leicht flüchtig ist. Das Gewürz wird in Kartoffelgerichten, Suppen, Eintöpfen aber auch für Fleischgerichte und für Gemüse, z. B. Blumenkohl, Kohlrabi und Rotkohl verwendet. Muskatnuss ist Bestandteil von Lebkuchen- und Christstollengewürz.

Sommer

Schollenfilet in Zitronen-Kräuter-Panade

Zubereitungszeit: etwa 30 Minuten **Pro Portion:** E: 30 g, F: 24 g, Kh: 45 g, kJ: 2183, kcal: 522 **4 Portionen**

Zutaten:

Für den Kartoffelsalat:

1 kg	fest kochende Kartoffeln
2	Zwiebeln
4 EL	Speiseöl
150 ml	Gemüsebrühe
6 EL	Weißweinessig
1 TL	mittelscharfer Senf
	Salz
	frisch gemahlener Pfeffer
1 Bund	Schnittlauch

Für die Schollenfilets:

4	Schollenfilets, etwa 500 g
2	Bio-Zitronen (unbehandelt)
2 EL	gehackte Kräuter, z. B. Petersilie, Dill, Estragon, Thymian
4 EL	Brötchenpaniermehl
1	Ei
	Salz
	frisch gemahlener Pfeffer
4 EL	Weizenmehl
6 EL	Rapsöl

1. Für den Salat Kartoffeln gründlich waschen, mit Wasser bedecken, 1 Teelöffel Salz zugeben und abgedeckt zum Kochen bringen, in etwa 25 Minuten gar kochen. Kartoffeln abgießen, heiß pellen und in Scheiben schneiden. Kartoffeln in eine große Schüssel geben.

2. Zwiebeln abziehen und in kleine Würfel schneiden. Öl in einem Topf erhitzen und Zwiebelwürfel darin glasig dünsten. Brühe, Essig und Senf hinzugeben und aufkochen lassen. Zwiebelmarinade zu den noch warmen Kartoffelscheiben geben und vorsichtig untermischen. Mit Salz und Pfeffer würzen und erkalten lassen.

3. Die Schollenfilets unter fließendem kalten Wasser abspülen und trockentupfen. Die Zitronen heiß abwaschen, abtrocknen und die Schale der Zitronen mit einer feinen Reibe ringsherum abraspeln.

4. Die Zitronenschale mit Kräutern und Paniermehl mischen. Das Ei verquirlen.

5. Schollenfilets mit Salz und Pfeffer würzen, zuerst in Mehl wenden (überschüssiges Mehl abklopfen), dann durch das Ei ziehen, am Rand abstreifen und in der Zitronen-Kräuter-Panade wenden, etwas andrücken.

6. Schnittlauch kalt abspülen, trockentupfen und in feine Röllchen schneiden. Kartoffelsalat nochmals mit Salz und Pfeffer abschmecken, evtl. noch etwas Gemüsebrühe hinzugeben und Schnittlauch unterheben.

7. Öl in einer Pfanne erhitzen und Schollenfilets evtl. in 2 Portionen darin etwa 6 Minuten braten, dabei einmal wenden. Schollenfilets mit Kartoffelsalat anrichten.

Der marktfrische Tipp:

Estragon wird unterschieden in russischen und französischen Estragon, wobei der französische feiner im Geschmack ist. Estragon verwendet man für die Herstellung von Estragonsenf und -essig, zum Einlegen von Gurken, zum Würzen von Geflügel, Reis und gekochtem Fisch. In der Sauce Béarnaise darf er nicht fehlen. Estragon wird frisch und getrocknet angeboten.

Sommer

Erdbeer-Kokos-Trifle (Foto)

Zubereitungszeit: etwa 20 Minuten, ohne Durchziehzeit

Pro Portion: E: 9; F: 4 g; Kh: 41 g; kJ: 1011; kcal: 239

4 Portionen

Zutaten:

500 g	Erdbeeren
2 Stängel	frische Minze
1 EL	Puderzucker
	Saft von
1	Limette
500 g	fettarme Vanilla-Quark-Zubereitung (0,2 % Fett)
½ TL	Dr. Oetker Finesse Orangenfrucht (nach Belieben)
125 g	Kokos-Zwieback

1. Erdbeeren abspülen und gut abtropfen lassen. Die Früchte putzen und evtl. etwas klein schneiden. Minze abspülen, Blättchen von den Stängeln zupfen (einige Blättchen zur Garnieren beiseite legen) und in feine Streifen schneiden. Erdbeeren mit Minze, Puderzucker und Limettensaft mischen.

2. Quark-Zubereitung nach Belieben mit Orangenfrucht glatt rühren. Kokos-Zwieback grob zerbröseln.

3. Erdbeeren, Zwiebackbrösel und Quark-Zubereitung abwechselnd in eine eckige Auflaufform oder in Dessertgläser schichten. Das Trifle etwa 1 Stunde kalt stellen und durchziehen lassen. Vor dem Servieren das Trifle mit Minze garnieren.

Tipp: Anstatt Minze können Sie auch Zitronenmelisse verwenden.

Panna-Cotta-Eis

Zubereitungszeit: etwa 40 Minuten, ohne Abkühlzeit
Gefrierzeit: etwa 5 Stunden

Pro Portion: E: 4 g, F: 30 g, Kh: 28 g, kJ: 1661, kcal: 400

6 Portionen

Zutaten:

3	Eigelb (Größe M)
90 g	gesiebter Puderzucker
2 Pck.	Dr. Oetker Vanillin-Zucker
1 Pck.	Dr. Oetker Bourbon-Vanille-Zucker
3 Becher (je 125 g)	Crème double

Zum Garnieren:

250 g	Himbeeren
30 g	gesiebter Puderzucker
einige	Zitronenmelisseblättchen

1. Eigelb mit Puderzucker, Vanillin-Zucker und Vanille-Zucker in einer hitzebeständigen Schüssel verschlagen und dann im heißen Wasserbad mit einem Schneebesen zu einer dicklich-cremigen Masse aufschlagen.

2. Die Schüssel sofort in eiskaltes Wasser stellen und die Masse unter Rühren erkalten lassen. Crème double unter die Eigelbmasse rühren. Die Eismasse in 6 gefriergeeignete kleine Formen füllen, zudecken und das Eis etwa 5 Stunden tiefgefrieren.

3. Zum Garnieren Himbeeren abspülen und gut abtropfen lassen. Einige Himbeeren zum Garnieren beiseite legen. Restliche Himbeeren mit dem Puderzucker pürieren und durch ein Sieb streichen. Melisseblättchen abspülen und trockentupfen.

4. Die Formen kurz in heißes Wasser tauchen. Das Panna-Cotta-Eis auf Teller stürzen und mit Himbeersauce, Himbeeren und Melisseblättchen garniert servieren.

Tipp: Zum Garnieren können auch Erdbeeren oder gemischte Beerenfrüchte verwendet werden.

Sommer

Gemüseeintopf mit Mettklößchen

Zubereitungszeit: etwa 60 Minuten

Pro Portion: E: 28 g, F: 36 g, Kh: 24 g, kJ: 2250, kcal: 538

4 Portionen

Zutaten:

2	mittelgroße Zwiebeln
4	große Möhren
2 Stangen	Porree (Lauch)
500 g	Kartoffeln
250 g	Zucchini
50 g	Butter
1	Lorbeerblatt
1 TL	gehackter Rosmarin
1 TL	gehackter Thymian
	Salz
	frisch gemahlener Pfeffer
	geriebene Muskatnuss
750 ml (3/4 l)	Gemüsebrühe
500 g	Thüringer Mett
einige	Petersilienstängel

1. Zwiebeln abziehen und in kleine Würfel schneiden. Möhren putzen, schälen, waschen, abtropfen lassen und ebenfalls in Würfel schneiden. Porree putzen, die Stangen längs halbieren, waschen, abtropfen lassen und in Streifen schneiden.

2. Kartoffeln schälen, abspülen, abtropfen lassen und in Würfel schneiden. Zucchini waschen, abtrocknen und die Enden abschneiden. Zucchini in Scheiben schneiden.

3. Butter in einem Topf zerlassen. Zwiebel-, Möhren- und Kartoffelwürfel darin andünsten, Kräuter hinzufügen. Mit Salz, Pfeffer und Muskat würzen.

4. Brühe hinzugießen, die Zutaten zum Kochen bringen und etwa 10 Minuten garen lassen, dann die Porreestreifen hinzufügen und weitere 5 Minuten garen.

5. Aus dem Mett mit nassen Händen kleine Klößchen formen. Mettklößchen mit den Zucchinischeiben zum Gemüse geben und weitere 5–10 Minuten gar ziehen lassen. Petersilie abspülen und trockentupfen. Die Blättchen von den Stängeln zupfen und fein hacken.

6. Die Suppe auf Tellern anrichten und mit Petersilie bestreut servieren.

Tipp: Den Eintopf nach Belieben mit einem Rosmarinzweig garnieren.

Der marktfrische Tipp:

Möhren sind das ganze Jahr über erhältlich. Im Sommer werden Bund- und Waschmöhren angeboten, dann folgen Herbst- und Wintermöhren. Möhren sind reich an Carotin (Vorstufe von Vitamin A) und sollten immer mit etwas Fett zubereitet werden, damit der Körper das Carotin besser aufnehmen kann. Möhren sind kalorienarm, 100 g geputzte Möhren enthalten nur 25 kcal.

Sommer

Zuckerschotensalat mit Lachs (Foto)

Zubereitungszeit: etwa 30 Minuten

Pro Portion: E: 14 g, F: 17 g, Kh: 5 g, kJ: 974, kcal: 232

4 Portionen

Zutaten:

375 g	Champignons
200 g	Zuckerschoten
200 g	Räucherlachs im Stück

Für die Sauce:

1 Becher (150 g)	Crème fraîche
2 EL	Naturjoghurt
	Saft von
2	Zitronen
	Salz
	frisch gemahlener Pfeffer
	Zucker

Zum Garnieren:

1/2 Bund	Kerbel
1 TL	rosa Pfefferbeeren

1. Champignons putzen, mit Küchenpapier abreiben, evtl. kurz waschen, trockentupfen und in Scheiben schneiden.

2. Zuckerschoten putzen und Enden abschneiden, Schoten waschen, in kochendes Salzwasser geben und 1–2 Minuten kochen lassen. Dann Schoten kurz in kaltes Wasser geben (damit sie ihre Farbe behalten), zum Abtropfen auf ein Sieb geben und halbieren. Räucherlachs in Würfel schneiden.

3. Für die Sauce Crème fraîche mit Joghurt und Zitronensaft verrühren, mit Salz, Pfeffer und Zucker würzen und auf Teller verteilen. Salatzutaten darauf anrichten.

4. Zum Garnieren Kerbel abspülen, trockentupfen und Blättchen von den Stängeln zupfen. Den Salat mit Kerbelblättchen und rosa Pfefferbeeren garnieren.

Beilage: Baguette oder Toast.

Tipp: Der Salat schmeckt statt mit Zuckerschoten auch mit gegartem grünen oder weißen Spargel sehr gut.

Rucola mit Parmesan

Zubereitungszeit: etwa 25 Minuten, ohne Abkühlzeit

Pro Portion: E: 6 g, F: 19 g, Kh: 3 g, kJ: 852, kcal: 203

4 Portionen

Zutaten:

30 g	Pinienkerne
125 g	Rucola (Rauke)
200 g	Cocktailtomaten
30 g	Parmesan

Für die Sauce:

2–3 EL	Balsamico-Essig
1/2 TL	flüssiger Honig
	Salz
	frisch gemahlener Pfeffer
5 EL	Olivenöl

1. Pinienkerne in einer Pfanne ohne Fett goldbraun rösten und erkalten lassen.

2. Rucola verlesen und dicke Stängel abschneiden, Rucola waschen, trockenschleudern und größere Blätter einmal durchschneiden. Cocktailtomaten waschen, abtrocknen und halbieren oder vierteln. Parmesan hobeln.

3. Für die Sauce Essig mit Honig, Salz und Pfeffer verrühren. Öl unterschlagen. Rucola auf einer Platte anrichten und Tomaten darauf verteilen. Mit der Salatsauce beträufeln und Pinienkerne und Parmesan darüber streuen.

Beilage: Ciabatta.

Tipp: Den Salat als Vorspeise, als Beilage zu Grillgerichten, zu kurz gebratenem Fleisch oder zu Risotto servieren.

Sommer

Schmorgurken mit Geflügelhack-Mischung

Zubereitungszeit: etwa 40 Minuten
Garzeit: 50–60 Minuten

Pro Portion: E: 42 g, F: 20 g, Kh: 12 g, kJ: 1648, kcal: 393

4 Portionen

Zutaten:

2	Schmorgurken (je etwa 400 g)

Für die Füllung:

1 Bund	Schnittlauch
	Wasser
	Salz
120 g	Langkornreis
600 g	Geflügelhackfleisch (beim Metzger vorbestellen)
1	Ei (Größe M)
	frisch gemahlener Pfeffer
1	Gemüsezwiebel (etwa 200 g)
150 g	magerer Speck
2 EL	Speiseöl
200 ml	Gemüsebrühe

1. Schmorgurken waschen, schälen, halbieren und mit einem Teelöffel entkernen.

2. Für die Füllung Schnittlauch abspülen, trockentupfen und in kleine Röllchen schneiden. Wasser in einem Topf zum Kochen bringen. Salz und Reis hinzufügen, umrühren, zum Kochen bringen und bei schwacher Hitze in etwa 15 Minuten ausquellen lassen. Reis in ein Sieb geben, mit kaltem Wasser übergießen und abtropfen lassen.

3. Geflügelhackfleisch in eine Schüssel geben und Reis, Ei und zwei Drittel der Schnittlauchröllchen hinzufügen. Die Zutaten gut vermengen und mit Salz und Pfeffer würzen. Die Hackmasse auf den Gurkenhälften verteilen.

4. Zwiebel abziehen und in kleine Würfel schneiden. Speck ebenfalls in kleine Würfel schneiden.

5. Speiseöl in einem Bräter erhitzen und Zwiebel- und Speckwürfel darin glasig dünsten. Brühe hinzugießen und die gefüllten Gurkenhälften in den Bräter geben. Die Form auf dem Rost in den vorgeheizten Backofen schieben.

Ober-/Unterhitze: etwa 180 °C
Heißluft: etwa 160 °C
Garzeit: 50–60 Minuten.

6. Die gefüllten Gurken aus dem Bräter nehmen, mit der Zwiebel-Speckmasse auf einem Teller anrichten und mit den restlichen Schnittlauchröllchen bestreut servieren.

Beilage: Salzkartoffeln.

Tipp: Sollten Sie kein Geflügelhackfleisch bekommen, können Sie auch Hühnerbrustfilet fein würfeln und kurz im Blitzhacker hacken.

Der marktfrische Tipp:

Schmorgurken sind die kleine Variante der Salatgurke, nur 15 cm lang und bis zu 250 g schwer. Das Fleisch ist fest, weniger wasserreich und sie eignen sich, wie der Name sagt, gut zum Schmoren, da sie nicht so schnell zerfallen.

Sommer

Pasta mit feinem Gemüse in Kräuter-Rahm-Sauce

Zubereitungszeit: etwa 40 Minuten

Pro Portion: E: 13 g, F: 6 g, Kh: 48 g, kJ: 1267, kcal: 302

4 Portionen

Zutaten:

500 g	Champignons
250 g	Zuckerschoten
2 TL	Butter oder Margarine
	Salz
	frisch gemahlener Pfeffer
100 ml	Gemüsebrühe (Instant)
2½ l	Wasser
2½ TL	Salz
250 g	Bandnudeln
2 EL	Crème fraîche
4 EL	gemischte, gehackte Kräuter, z. B. Petersilie, Kerbel, Estragon, Basilikum

1. Champignons putzen, mit Küchenpapier abreiben, evtl. kurz abspülen und trockentupfen. Von den Zuckerschoten die Enden abschneiden und dabei die Fäden an den Längsseiten mit entfernen. Schoten waschen und abtropfen lassen.

2. Butter oder Margarine in einer Pfanne zerlassen und Pilze und Zuckerschoten hinzugeben, unter mehrmaligem Wenden etwa 5 Minuten andünsten. Mit Salz und Pfeffer würzen. Brühe hinzugießen und erhitzen.

3. Wasser in einem großen Topf mit geschlossenem Deckel zum Kochen bringen. Salz und Nudeln zugeben und die Nudeln im geöffneten Topf bei mittlerer Hitze nach Packungsanleitung kochen lassen, dabei zwischendurch mehrmals umrühren. Anschließend die Nudeln in ein Sieb geben und abtropfen lassen.

4. Pilze und Zuckerschoten mit Salz und Pfeffer abschmecken und Crème fraîche unterrühren.

5. Nudeln und Kräuter zu den Pilzen und Zuckerschoten geben, untermischen und auf Tellern anrichten.

Beilage: In Knoblauchöl gebratene Garnelen oder saftiges Hähnchenfilet in Scheiben.

Tipp: Wenn Sie die Sauce sämig möchten, binden Sie sie mit etwas hellem Saucenbinder.

Der marktfrische Tipp:

Zuckerschoten (auch Zuckererbsen oder Kaiserschoten) werden im Frühsommer angeboten. Durch ihren relativ hohen Zuckergehalt schmecken sie süßlich und können komplett mit der zarten, flachen Hülse genossen werden. Zuckerschoten sind reich an Kohlenhydraten, Ballaststoffen, Kalium, Eisen, Zink und Vitaminen der B-Gruppe. Ihr Kaloriengehalt ist mit 86 kcal pro 100 g unter den Gemüsen relativ hoch.

Sommer

Lammrückenfilets mit Bohnen

Zubereitungszeit: etwa 45 Minuten

Pro Portion: E: 40 g, F: 15 g, Kh: 11 g, kJ: 1442, kcal: 344

2 Portionen

Zutaten:

200 g	Brechbohnen
200 g	Stangenbohnen
	Salzwasser
5 Stängel	Bohnenkraut
20 g	Butter
	geriebene Muskatnuss
etwa 350 g	Lammrückenfilets
5 Stängel	Pfefferminze
2	Bio-Limetten (unbehandelt)
2	Knoblauchzehen
	Salz
	frisch gemahlener Pfeffer
1 EL	Butterschmalz

1. Von den Bohnen die Enden abschneiden, die Bohnen evtl. abfädeln, waschen, abtropfen lassen und schräg in 3–4 cm lange Stücke schneiden.

2. Salzwasser zum Kochen bringen, Bohnen und gewaschenes Bohnenkraut zugeben, wieder zum Kochen bringen und in 10–15 Minuten gar kochen. Die garen Bohnen abgießen, in der zerlassenen Butter schwenken und mit Salz und Muskat würzen, warm stellen.

3. Inzwischen die Lammrückenfilets unter fließendem kalten Wasser abspülen und trockentupfen.

4. Pfefferminze abspülen und trockentupfen, die Blättchen von den Stängeln zupfen und fein schneiden. Limetten heiß abwaschen, abtrocknen und die Schale mit einem Sparschäler dünn schälen. Schale fein schneiden. Knoblauch abziehen und durch eine Knoblauchpresse drücken, mit der Limettenschale und den geschnittenen Minzeblättern vermischen. Die Mischung mit Salz und Pfeffer würzen und auf einen großen flachen Teller geben. Die Filets darin wälzen.

5. Butterschmalz erhitzen und die Lammrückenfilets darin von beiden Seiten in etwa 10 Minuten braun braten, 5–10 Minuten in Alufolie gewickelt ruhen lassen. Lammrückenfilets in schräge Stücke schneiden und auf den Bohnen anrichten.

Beilage: Warmes Baguette oder Kartoffelpüree.

Der marktfrische Tipp:

Pfefferminze kennt man hauptsächlich als Tee und sie hilft bei Magen- und Darmbeschwerden. Roh oder mitgekocht wird Pfefferminze für Fleischgerichte, Fisch, Saucen, Suppen und Gemüse- und Obstsalate verwendet. Klassiker der englischen Küche ist Lamm mit Minzsauce. Die Blätter sind ei-länglich und schmecken angenehm würzig, anfangs wärmend, dann kühlend. In arabischen und nordafrikanischen Ländern ist Pfefferminztee ein Nationalgetränk.

Sommer

Gefüllte Hähnchenbrustfilets mit Zucchinigemüse

Zubereitungszeit: etwa 30 Minuten
Garzeit: etwa 45 Minuten

Pro Portion: E: 39 g, F: 13 g, Kh: 8 g, kJ: 1275, kcal: 305

4 Portionen

Zutaten:

- 4 kleine Zucchini
- 60 g getrocknete Tomaten, in Öl eingelegt
- 50 g Rucola (Rauke)
- 4 Hähnchenbrustfilets (je etwa 150 g)
- Salz
- frisch gemahlener Pfeffer
- 4 EL Olivenöl
- 1 Zwiebel
- 1 Knoblauchzehe

1. Den Backofen bei Ober-/Unterhitze auf 80 °C vorheizen. Einen feuerfesten Teller oder eine Auflaufform mit niedrigem Rand auf dem Rost (mittlere Schiene) miterwärmen.

2. Zucchini waschen, abtrocknen und die Enden abschneiden. Von einer Zucchini längs 8 dünne Scheiben abschneiden. Restliche Zucchini in Würfel schneiden. Tomaten in einem Sieb abtropfen lassen. Rucola waschen und trockentupfen, dickere Stängel abschneiden.

3. Hähnchenbrustfilets unter fließendem kalten Wasser abspülen und trockentupfen. Hähnchenbrustfilets der Länge nach waagerecht bis etwa zur Mitte einschneiden. Filets aufklappen und zwischen Frischhaltefolie etwas flach klopfen.

4. Filets mit Salz und Pfeffer bestreuen und mit je 2 Zucchinischeiben, Tomaten und Rucola belegen. Filets wieder zusammenklappen und mit Holzstäbchen feststecken. Gefüllte Filets auch von außen mit Salz und Pfeffer bestreuen.

5. Olivenöl in einer Pfanne erhitzen und die gefüllten Hähnchenfilets darin in etwa 6 Minuten von allen Seiten gut anbraten. Dann die Filets auf dem vorgewärmten Teller oder in der Auflaufform auf dem Rost in den Backofen schieben und etwa 45 Minuten garen.

6. Zwiebel und Knoblauch abziehen und in Würfel schneiden. Zwiebel- und Knoblauchwürfel in der Pfanne mit dem Bratensatz anbraten. Zucchiniwürfel hinzufügen und unter gelegentlichem Rühren etwa 5 Minuten braten. Zucchinigemüse mit Salz und Pfeffer abschmecken.

7. Holzstäbchen aus den gefüllten Hähnchenbrustfilets entfernen. Die Filets nach Belieben in Scheiben schneiden und auf dem Zucchinigemüse servieren.

Beilage: In Butter geschwenkte Bandnudeln.

Tipp: Würzen Sie das Zucchinigemüse mit 1 Esslöffel gehackten Oreganoblättchen oder 1 Teelöffel gerebeltem Oregano.

Der marktfrische Tipp:

Zucchini gehören zur Familie der Kürbisgewächse. Es gibt Sorten mit grüner, gelber und weißer Schale, alle haben ein weißliches Fruchtfleisch, das viele Kerne enthält. Man erntet Zucchini bei einer Größe von 15–20 cm, weil sie dann besonders schmackhaft sind. Zucchini enthalten pro 100 g nur 27 kcal, dafür aber viel Kalium, Magnesium und Eisen, Provitamin A und Vitamin B1. Im Gemüsefach des Kühlschranks bleiben sie 3–4 Tage frisch.

Sommer

Hähnchenspieße mit Äpfeln und Zwiebeln (Foto oben)

Zubereitungszeit: etwa 30 Minuten
Pro Portion: E: 26 g, F: 4 g, Kh: 21 g, kJ: 929, kcal: 222
4 Portionen

Zutaten:

400 g	Hähnchenbrustfilet
2	rote Zwiebeln
2	Äpfel, z.B. Boskop
2 EL	Olivenöl
	Salz
	frisch gemahlener Pfeffer
1 TL	gehackter Thymian

Für den Dip:

1	Schalotte
1	Knoblauchzehe
1	Tomate
200 g	Ketchup
2 TL	Currypulver

1. Hähnchenbrustfilet unter fließendem kalten Wasser abspülen, trockentupfen und in etwa 3 cm große Würfel schneiden.

2. Zwiebeln abziehen, vierteln und etwas zerteilen. Äpfel schälen, achteln und das Kerngehäuse herausschneiden. Apfel, Zwiebel und Fleisch in eine Schüssel legen, mit Öl beträufeln und mit Salz, Pfeffer und Thymian würzen, gut vermischen.

3. Fleisch-, Apfel-, und Zwiebelstücke abwechselnd auf Spieße stecken und auf dem Grill etwa 15 Minuten grillen.

4. Für den Dip Schalotte und Knoblauch abziehen und fein würfeln. Tomate waschen, in kleine Stücke schneiden und mit Zwiebel- und Knoblauchwürfeln mischen, Ketchup zugeben, mit Curry würzen und zu den Hähnchenspießen reichen.

Beilage: Aufgebackenes Kräuterbaguette und gemischter Salat.

Tipp: Anstatt Hähnchenbrust kann auch Putenbrust oder Schweinefilet verwendet werden.

Kartoffel-Käse-Spieße (Foto unten)

Zubereitungszeit: etwa 40 Minuten
Pro Portion: E: 25 g, F: 23 g, Kh: 23 g, kJ: 1731, kcal: 413
4 Portionen

Zutaten:

12	kleine Kartoffeln, z.B. Erstlinge
8	kleine Tomaten
250 g	Grillkäse, Halloumi
2 EL	Olivenöl
3 Zweige	Rosmarin
	Salz
	frisch gemahlener Pfeffer

Für den Kräuterquark:

250 g	Speisequark (20% Fett i.Tr.)
3 EL	Joghurt
1 Bund	Schnittlauch
2 Zweige	Petersilie

1. Kartoffeln waschen, in gesalzenem Wasser 20 Minuten kochen lassen und abgießen. Tomaten waschen und evtl. die Stängelansätze herausschneiden. Grillkäse in etwa 3 cm große Stücke schneiden, so dass es 12 Stücke ergeben.

2. Kartoffeln, Tomaten und Käse in eine Schüssel geben, mit Öl beträufeln und mit fein geschnittenem Rosmarin, Salz und Pfeffer bestreuen. Alles gut miteinander vermischen.

3. Kartoffeln, Tomaten und Käse abwechselnd auf Spieße stecken und etwa 10–12 Minuten grillen.

4. Für den Kräuterquark Quark mit Joghurt verrühren. Schnittlauch und Petersilie kalt abspülen, trockentupfen und fein zerschneiden, unter den Quark heben, mit Salz und Pfeffer würzen und zu den Kartoffelspießen reichen.

Beilage: Gemischter Blattsalat.

Sommer

Lachs-Mangold-Pfanne mit Tomaten

Zubereitungszeit: etwa 25 Minuten

Pro Portion: E: 34 g, F: 30 g, Kh: 8 g, kJ: 1970, kcal: 471

4 Portionen

Zutaten:

1 Staude	Mangold (etwa 750 g)
2	Zwiebeln
500 g	frisches Lachsfilet
3 EL	Speiseöl
	Salz
	frisch gemahlener Pfeffer
	Paprikapulver edelsüß
200 g	kleine Cocktailtomaten
8	Garnelenschwänze, gekocht (ohne Schale)
2 EL	geröstete Sesamsamen

1. Mangold putzen, halbieren, den Strunk herausschneiden und Mangold waschen. Mangold in nicht zu feine Streifen schneiden.

2. Zwiebeln abziehen und würfeln. Lachsfilet unter fließendem kalten Wasser abspülen, trockentupfen und in 4 gleich große Stücke schneiden.

3. Öl in einer Pfanne erhitzen und Lachsstücke darin anbraten, mit den Gewürzen bestreuen. Mangoldstreifen und Zwiebelwürfel hinzufügen, mit andünsten und nochmals würzen, zugedeckt etwa 10 Minuten dünsten, evtl. etwas Wasser hinzufügen.

4. Cocktailtomaten abspülen und die Stängelansätze herausschneiden. Tomaten mit den Garnelen etwa 2 Minuten vor Beendigung der Garzeit auf den Mangold legen und zugedeckt fertig garen. Evtl. nochmals mit den Gewürzen abschmecken und mit geröstetem Sesam bestreuen.

Tipp: Dazu schmecken in Butter geschwenkte Bandnudeln oder Fladenbrot.

Variante: Anstelle von Mangold können Sie auch Wurzelspinat nehmen, die Garzeit beträgt dann nur 5 Minuten. Zur Abwechslung kann das Gericht auch mit Viktoriabarschfilet zubereitet werden.

Der marktfrische Tipp:

Mangold stammt ursprünglich aus dem Mittelmeerraum. Sein Geschmack ähnelt dem des Spinats, ist aber würziger und nussiger. Man unterscheidet Blatt- und Stielmangold. Ersterer hat schmale Rippen und breite Blätter, die wie Spinat zubereitet werden. Typisch für Stielmangold sind die dicken, fleischigen Stiele, die von den Blättern getrennt, wie Spargel, Schwarzwurzeln oder Bleichsellerie zubereitet werden. Mangold ist reich an Kalium, Kalzium, Eisen und Folsäure und den Vitaminen A, B_2 und E.

Sommer

Beerengrütze mit Vanille-Joghurt-Sauce

Zubereitungszeit: etwa 30 Minuten, ohne Abkühlzeit

Pro Portion: E: 5, F: 4 g, Kh: 44 g, kJ: 1035, kcal: 247

4 Portionen

Zutaten:

Für die Grütze:

750 g	gemischte Früchte (z.B. Johannisbeeren, Himbeeren, Erdbeeren, Brombeeren, Kirschen; ersatzweise TK-Früchte)
1 geh. EL	Speisestärke
	Saft und Schale von
1	Bio-Orange (unbehandelt)
375 ml (3/8 l)	roter Traubensaft
1 Pck.	Dr. Oetker Vanillin-Zucker
50–75 g	Zucker

Für die Vanille-Joghurt-Sauce:

1	Vanilleschote
etwa 1 EL	Zucker
300 g	Naturjoghurt (3,5 % Fett)

1. Früchte verlesen, abspülen und gut abtropfen lassen. Früchte putzen oder von den Rispen streifen. Speisestärke mit Orangensaft und 2–3 Esslöffeln Traubensaft glatt rühren. Übrigen Saft, Orangenschale, Vanillin-Zucker und 50 g Zucker in einem Topf aufkochen lassen.

2. Topf von der Kochstelle nehmen und die angerührte Speisestärke unter Rühren hinzufügen, alles nochmals kurz aufkochen lassen und vorbereitete Früchte unterrühren. Die Grütze evtl. mit Zucker abschmecken, in eine Schale umfüllen und abkühlen lassen.

3. Für die Vanille-Joghurt-Sauce Vanilleschote längs aufschneiden und das Mark mit einem Messer herausschaben. Vanillemark, Zucker und Joghurt mit einem Schneebesen gründlich verrühren, bis sich der Zucker gelöst hat. Die Grütze mit der Vanille-Joghurt-Sauce anrichten.

Tipp: Garnieren Sie die Beerengrütze mit Minze. Würzen Sie die Grütze zusätzlich mit etwas gemahlenem Zimt.

Variante: Vanillesauce: Dafür 1 Vanilleschote längs aufschneiden und das Mark mit einem Messer herausschaben. 10 g Speisestärke mit 5 Esslöffeln von 500 ml (1/2 l) Milch mit einem Schneebesen verrühren. 3 Eigelb, 30 g Zucker und 1 Prise Salz unterrühren. Die übrige Milch mit Vanillemark und Schote zum Kochen bringen, die angerührte Stärke mit einem Schneebesen einrühren und einmal kurz aufkochen lassen. Die Sauce unter gelegentlichem Umrühren erkalten lassen. Vor dem Servieren die Vanilleschote entfernen.

Der marktfrische Tipp:

Himbeeren zeichnen sich durch einen hohen Gehalt an Ballaststoffen und Mineralstoffen, wie Kalium, Magnesium, Mangan und Eisen aus. Erdbeeren haben einen hohen Gehalt an Vitamin C, Brombeeren liefern viel Provitamin A und Vitamin E, außerdem reichlich Magnesium und Eisen. 100 g Beeren liefern im Durchschnitt zwischen 30 und 45 kcal. Alle Beerenfrüchte sind druckempfindlich und nicht lange haltbar.

Sommer

Thunfisch-Zucchini-Salat

Zubereitungszeit: etwa 30 Minuten

Pro Portion: E: 14 g, F: 21 g, Kh: 4 g, kJ: 1149, kcal: 275

4 Portionen

Zutaten:

Für den Salat:

250 g	frischer Thunfisch
1–2 EL	Olivenöl
	Salz
	frisch gemahlener Pfeffer
2	kleine Zucchini
3	Tomaten
60 g	gemischte Oliven (grün und schwarz, ohne Stein)

Für die Marinade:

2 EL	gemischte, gehackte Kräuter, z. B. Petersilie, Dill, Basilikum, Thymian
	Zucker
2	Knoblauchzehen
2–3 EL	Balsamico-Essig
4 EL	Olivenöl

1. Für den Salat Thunfisch unter fließendem kalten Wasser abspülen, trockentupfen und in kleine Stücke schneiden, dabei evtl. Gräten entfernen. Thunfisch-Stücke in erhitztem Olivenöl von allen Seiten anbraten und mit Salz und Pfeffer würzen.

2. Zucchini putzen, Enden abschneiden, Zucchini waschen, halbieren und in 2 mm dicke Scheiben schneiden. Tomaten waschen, Stängelansätze herausschneiden, Tomaten vierteln, entkernen und in grobe Würfel schneiden.

3. Die gemischten Oliven mit Tomaten, Zucchini und Thunfisch mischen.

4. Für die Marinade Kräuter, Salz, Pfeffer, Zucker und abgezogenen, durchgepressten Knoblauch mit Essig verrühren, Öl unterschlagen. Salatzutaten damit vermengen und den Salat etwas durchziehen lassen.

Beilage: Fladenbrot.

Tipp: Den Salat nach Belieben mit Basilikumblättchen und Thymianzweigen garnieren.

Der marktfrische Tipp:

Tomaten gibt es das ganze Jahr und in unterschiedlichsten Sorten, rund, länglich oder eierförmig, von kirschgroß bis hin zu 10 cm großen Fleischtomaten. Tomaten zeichnen sich durch einen hohen Gehalt an Provitamin A und Vitamin C sowie an Kalium und Carotinoiden, insbesondere Lycopin aus. Tomaten können roh, gegart oder gegrillt verwendet werden. Verarbeitet zu Saft, Mark oder Ketchup sind sie besonders wertvoll, da das Lycopin besser wirken kann.

Marktfrische Küche im August

Sommer

Gefüllte gelbe Paprikaschoten

Zubereitungszeit: etwa 35 Minuten
Garzeit: etwa 40 Minuten

Pro Portion: E: 5 g, F: 11 g, Kh: 16 g, kJ: 801, kcal: 191

4 Portionen

Zutaten:

4	gelbe Paprikaschoten (je etwa 250 g)
Für die Füllung:	
1	Zucchini (etwa 250 g)
1	Aubergine (etwa 250 g)
2	Fleischtomaten (je etwa 150 g)
1	grüne Paprikaschote (etwa 250 g)
	Wasser
	Salz
4 kleine Zweige	Rosmarin
3	Knoblauchzehen
3 EL	Olivenöl
1 TL	grüne Pfefferkörner in Lake
1 TL	rote Pfefferkörner in Lake
200 ml	Gemüsebrühe
einige	Rosmarinzweige (abgespült, trockengetupft)

1. Von den Paprikaschoten am Stielende einen flachen Deckel abschneiden, die Schoten entkernen und die weißen Scheidewände entfernen. Schoten und Deckel waschen und abtrocknen. Deckel beiseite legen.

2. Für die Füllung Zucchini waschen, abtrocknen und die Enden abschneiden. Aubergine waschen, abtrocknen und den Stängelansatz abschneiden. Zucchini und Aubergine in Würfel schneiden. Tomaten waschen, abtrocknen und die Stängelansätze herausschneiden. Grüne Paprikaschote halbieren, entstielen, entkernen und die weißen Scheidewände entfernen. Die Schote waschen und abtropfen lassen. Tomaten und Paprika in Würfel schneiden.

3. Schoten etwa 5 Minuten, Deckel etwa 2 Minuten in kochendem Salzwasser blanchieren, in ein Sieb geben, mit kaltem Wasser übergießen und abtropfen lassen.

4. Rosmarin abspülen und trockentupfen. Knoblauch abziehen und fein hacken. Olivenöl in einer Pfanne erhitzen und Gemüsewürfel und Rosmarinzweige unter Rühren darin andünsten. Knoblauch unterrühren, mit Salz würzen und abgetropfte Pfefferkörner untermengen.

5. Paprikaschoten mit der Gemüsemasse füllen. Deckel wieder auflegen und die gefüllten Paprikaschoten in eine Auflaufform geben. Brühe hinzugießen. Die Form auf dem Rost in den vorgeheizten Backofen schieben.

Ober-/Unterhitze: etwa 180 °C
Heißluft: etwa 160 °C
Garzeit: etwa 40 Minuten.

6. Die gefüllten Paprikaschoten mit Rosmarinzweigen garniert servieren.

Beilage: Reis oder Nudeln und Tomatensauce oder Kartoffelpüree.

Der marktfrische Tipp:

Paprika gibt es in grün, gelb, orange, rot, weißlich und tiefgrünschwarz – die Farben weisen auf den Reifegrad und Geschmack hin. Grüne sind am wenigsten reif, besonders frisch und knackig mit leicht bitterem Geschmack. Rote Schoten werden vollreif geerntet, schmecken süßlicher und fruchtiger, ebenso die gelben und orangefarbenen. Am gesündesten sind die roten, denn sie wurden reif geerntet, liefern neben Vitamin C auch reichlich Provitamin A, Vitamin E und B_6, außerdem Kalium, Kalzium und Magnesium.

Sommer

Gefüllte Zucchini

Zubereitungszeit: 45 Minuten
Backzeit: 15–20 Minuten

Pro Portion: E: 23 g, F: 18 g, Kh: 52 g, kJ: 1955, kcal: 463

4 Portionen

Zutaten:

2	Zwiebeln
2	Knoblauchzehen
3 EL	Olivenöl
2 Dosen	stückige Tomaten (je 400 g)
1/2 Bund	Majoran
3	Fleischtomaten
4	mittelgroße Zucchini (je etwa 250 g)
	Salz
	frisch gemahlener Pfeffer
300 ml	Gemüsebrühe (Instant)
250 g	Instant-Couscous (Feinkostregal)
	Cayennepfeffer
100 g	geriebener Emmentaler

1. Zwiebeln und Knoblauch abziehen und in kleine Würfel schneiden. Öl in einem Topf erhitzen und Zwiebel- und Knoblauchwürfel darin andünsten. Tomatenstücke hinzufügen und unter gelegentlichem Rühren etwa 10 Minuten leicht kochen lassen.

2. Majoran abspülen und trockentupfen. Die Blättchen von den Stängeln zupfen und fein hacken. Tomaten waschen, abtropfen lassen, kreuzweise einschneiden und einige Sekunden in kochendes Wasser legen. Tomaten kurz in kaltes Wasser legen, enthäuten, halbieren, entkernen und Stängelansätze herausschneiden. Fruchtfleisch in Spalten schneiden. Zucchini waschen, abtrocknen und die Enden abschneiden. Zucchini halbieren. Zucchinihälften leicht aushöhlen und Fruchtfleisch in Würfel schneiden.

3. Majoran unter die Tomatensauce rühren und mit Salz und Pfeffer würzen. Sauce halbieren. Eine Hälfte beiseite stellen. Zu der zweiten Saucenhälfte die Gemüsebrühe gießen und zum Kochen bringen. Couscous, Zucchiniwürfel und Tomatenspalten hinzufügen und mit Salz und Cayennepfeffer würzen. Die Sauce von der Kochstelle nehmen.

4. Die ausgehöhlten Zucchinihälften auf ein Backblech (mit Backpapier belegt) legen und mit Salz und Pfeffer bestreuen. Die Zucchinihälften mit der Couscous-Zucchini-Tomaten-Masse füllen und mit Käse bestreuen. Das Backblech in den vorgeheizten Backofen schieben.

Ober-/Unterhitze: etwa 200 °C
Heißluft: etwa 180 °C
Backzeit: 15–20 Minuten.

5. Die beiseite gestellte Tomatensauce erhitzen und die gefüllten Zucchini mit der Sauce servieren.

Beilage: Reis.

Tipp: Wer es nicht nur vegetarisch mag, kann dazu Räucherschinken reichen.

Der marktfrische Tipp:

Majoran stammt aus Kleinasien, wird heute in Mittelmeerländern und in Mittel- und Osteuropa angebaut. Warmes, mediterranes Klima verbessert die Qualität. Majoran ist sehr würzig und hat einen hohen Anteil ätherischer Öle. Die Blätter werden frisch oder getrocknet verwendet, zum Würzen von Kartoffelgerichten, Suppen, Saucen und Hülsenfrüchten. Majoran ist das klassische Wurstkraut und unterstützt die Verdauung von fetten Speisen.

Marktfrische Küche im August

Sommer

Fischspieße auf Rucola-Tomaten-Salat

Zubereitungszeit: etwa 50 Minuten

Pro Portion: E: 26 g, F: 15 g, Kh: 5 g, kJ: 1078, kcal: 257

4 Portionen

Zutaten:

Für die Spieße:

2	Zucchini (je etwa 200 g)
500 ml (1/2 l)	Wasser
	Salz
4	Zanderfilets (je etwa 125 g) oder 6 Schollenfilets (je 80 g)
	frisch gemahlener Pfeffer

Für den Salat:

1 Bund	kurzstielige Rucola (Rauke, etwa 125 g)
400 g	Fleischtomaten
3 EL	Balsamico-Essig
1 Prise	Zucker
8 EL	Olivenöl

Außerdem:

4	dünne Schaschlikspieße

1. Für die Spieße Zucchini waschen, abtrocknen, die Enden abschneiden und Zucchini mit der Aufschnittmaschine längs in 12 dünne Scheiben schneiden. Wasser in einem Topf zum Kochen bringen, 1/2 Teelöffel Salz hinzufügen und Zucchinischeiben in das kochende Salzwasser geben, einmal aufkochen, herausnehmen, in kaltem Wasser abschrecken und trockentupfen.

2. Fischfilets unter fließendem kalten Wasser abspülen, trockentupfen, längs halbieren und mit Salz und Pfeffer bestreuen. Fischfilets und Zucchinischeiben aufrollen. Dabei darauf achten, dass bei den Fischfilets die Hautseiten innen liegen. Die Röllchen auf 4 dünne Schaschlikspieße stecken (je Spieß 2 Zander- oder 3 Schollenfilets und 3 Zucchiniröllchen).

3. Für den Salat Rucola verlesen, vorhandene dicke Stängel abschneiden, Rucola waschen und trockenschleudern. Tomaten waschen, abtropfen lassen und kreuzweise einschneiden, kurz in kochendes Wasser legen und in kaltem Wasser abschrecken. Tomaten enthäuten, die Stängelansätze herausschneiden und Tomaten in Würfel schneiden.

4. Für die Salatsauce Balsamico-Essig mit Salz, Pfeffer und Zucker verrühren. Die Hälfte des Öls unterschlagen.

5. Das restliche Öl in einer beschichteten Pfanne erhitzen und die Fischspießchen darin etwa 10 Minuten bei nicht zu starker Hitze braten, dabei zwischendurch wenden.

6. Rucola und Tomatenwürfel auf Tellern anrichten, die Fischspießchen darauf setzen und mit der Salatsauce beträufeln.

Beilage: Warmes Baguette oder Ciabatta (italienisches Weißbrot).

Tipp: Anstelle von Zander- oder Schollenfilets können Sie auch 12 Limanden- oder Seezungenfilets (je etwa 40 g) verwenden. Die Filets müssen nicht längs durchgeschnitten werden.
TK-Fischfilets vor der Verwendung nach Packungsanleitung auftauen lassen.

Der marktfrische Tipp:

Rucola oder Rauke hat einen angenehm scharfen bis bitteren, pfefferartigen, leicht nussartigen und senfähnlichen Geschmack. Sie ist reich an Kalium, Kalzium, Phosphor und Eisen, Provitamin A und Vitamin C. Rucola wird hauptsächlich als Salatkraut verwendet, aber auch klein geschnitten als Ergänzung zu Nudel- und Kartoffelsalaten. Sie kann Pfannengerichten und Pastasaucen beigefügt werden. In ein feuchtes Küchenpapier eingeschlagen hält sich Rucola im Kühlschrank 2–3 Tage.

Marktfrische Küche im August

Sommer

Porree-Pfifferlings-Fisch

Zubereitungszeit: etwa 25 Minuten
Garzeit: etwa 30 Minuten

Pro Portion: E: 37 g, F: 13 g, Kh: 3 g, kJ: 1216, kcal: 291

4 Portionen

Zutaten:

1 Stange	Porree (Lauch, 200 g)
3–4	Möhren (250 g)
250 g	Pfifferlinge
600–800 g	feste, magere Fischfilets (z. B. Seelachs, Rotbarsch, Dorsch)
	Salz
	frisch gemahlener Pfeffer
2 TL	abgeriebene Schale von 1 Bio-Zitrone (unbehandelt)
2 EL	Speiseöl
1 EL	Crème fraîche
75 g	geriebener Gouda
1 EL	gehackte Petersilie oder Dill

1. Porree putzen, gründlich waschen und abtropfen lassen. Porree in Ringe schneiden. Möhren putzen, schälen, abspülen und in feine Stifte schneiden. Pfifferlinge putzen und mit Küchenpapier abreiben. Große Pfifferlinge evtl. halbieren.

2. Fischfilets unter fließendem kalten Wasser abspülen und trockentupfen. Filets mit Salz, Pfeffer und Zitronenschale würzen und in eine gebutterte Auflaufform legen.

3. Öl in einer beschichteten Pfanne erhitzen. Möhrenstifte, Pfifferlinge und Porree darin unter Wenden etwa 4 Minuten bei starker Hitze anbraten und anschließend mit Salz und Pfeffer würzen. Crème fraîche unterrühren.

4. Die Pilz-Gemüse-Mischung auf dem Fisch verteilen und Käse darüber streuen. Die Form auf dem Rost in den vorgeheizten Backofen schieben.

Ober-/Unterhitze: etwa 200 °C
Heißluft: etwa 180 °C
Garzeit: etwa 30 Minuten.

5. Das Gericht mit Petersilie oder Dill bestreut servieren.

Beilage: Dazu schmecken Pellkartoffeln oder knuspriges Baguette.

Tipp: Außerhalb der Pfifferlings-Saison können Sie das Gericht mit braunen Champignons zubereiten.

Der marktfrische Tipp:

Pfifferlinge sind von Juni bis Oktober zu finden. Sie sind sehr kalorienarm, 100 g geputzte Ware liefen nur 11 kcal, aber reich an hochwertigem, pflanzlichen Eiweiß, Kalium, Provitamin A, B-Vitaminen und Vitamin D. Ihr hoher Eisengehalt macht sie für Vegetarier interessant. Pfifferlinge sollten nach dem Einkauf schnell verzehrt werden. Pfifferlinge nicht waschen, sondern nur die Erde zwischen den Lamellen mit einem spitzen Messer entfernen oder mit einer weichen Bürste oder Pinsel reinigen. Das Fußende abschneiden.

Sommer

Schweinefilet aus dem Wok

Zubereitungszeit: etwa 30 Minuten **Pro Portion:** E: 39 g, F: 13 g, Kh: 9 g, kJ: 1306, kcal: 312 **4 Portionen**

Zutaten:

600 g	Schweinefilet
1 TL	gemahlenes Zitronengras
1 TL	Curry
1 TL	Salz
1 TL	Speisestärke
200 g	Zuckerschoten
200 g	Möhren
250 g	Champignons
1 Stange	Porree (Lauch)
4 EL	Erdnussöl
	frisch gemahlener Pfeffer
etwa 2 EL	Sojasauce

1. Das Schweinefilet unter fließendem kalten Wasser abspülen, trockentupfen und Sehnen und Fett abschneiden. Filet der Länge nach halbieren und in dünne Scheiben schneiden. Das Fleisch mit Zitronengras, Curry, Salz und Speisestärke vermischen.

2. Zuckerschoten putzen, waschen und abtropfen lassen. Möhren putzen, schälen, waschen, abtropfen lassen und in dünne Stifte schneiden.

3. Champignons putzen, mit einem Küchenpapier abreiben, evtl. abspülen, trockentupfen und in Scheiben schneiden. Porree putzen, längs halbieren, gründlich waschen und abtropfen lassen, Porree in feine Streifen schneiden.

4. In einem Wok oder großen Pfanne das Öl erhitzen und das Fleisch darin anbraten. Zuerst die Möhren zugeben, dann Champignons und Zuckerschoten und zum Schluss Porree unterheben. Das Gericht mit Salz, Pfeffer und Sojasauce abschmecken und sofort servieren.

Beilage: Basmatireis.

Tipp: Anstatt Schweinefilet können Sie auch Schweinenacken oder -schnitzel verwenden.

Der marktfrische Tipp:

Zitronengras ist eine grasähnliche Gewürzpflanze. Es wird frisch, getrocknet oder als Pulver angeboten. Das kräftige, zitronenartige Aroma findet hauptsächlich bei Geflügel-, Fisch- und Lammgerichten Verwendung, aber auch für Marinaden und Dips. Als frisches Gras wird es nur mitgekocht, aber nicht mitgegessen.

Sommer

Asiatischer Auflauf

Zubereitungszeit: etwa 35 Minuten, ohne Auftauzeit
Zubereitungszeit: 10–15 Minuten

Pro Portion: E: 27 g, F: 16 g, Kh: 68 g, kJ: 2214, kcal: 530

4 Portionen

Zutaten:

350 g	TK-Garnelen (ohne Schale, mit Schwanz, entdarmt)
	Wasser
250 g	China-Reisnudeln
2	Zwiebeln
2	Knoblauchzehen
1	rote Paprikaschote
200 g	Mungobohnensprossen
200 g	Zuckerschoten
1 Stange	Porree (Lauch)
3 EL	Keimöl
2 EL	Sojasauce
1 TL	Sambal Oelek
1 TL	gemahlener Kreuzkümmel (Cumin)
2 EL	chinesische Austernsauce (Spezialitätenregal von Supermärkten)
1/2–1 EL	Currypulver
2 EL	Sesamsamen
2 EL	Keimöl

1. Garnelen nach Packungsanleitung auftauen. Wasser in einem Topf zum Kochen bringen, Reisnudeln dazugeben und nach Packungsanleitung kochen. Nudeln in ein Sieb geben, mit kaltem Wasser übergießen und abtropfen lassen.

2. Zwiebeln und Knoblauch abziehen und in feine Würfel schneiden. Paprikaschote halbieren, entstielen, entkernen und die weißen Scheidewände entfernen. Schote waschen, abtropfen lassen und in kleine Würfel schneiden. Mungobohnensprossen in ein Sieb geben, unter fließendem kalten Wasser abspülen und gut abtropfen lassen (dazu evtl. auf ein Küchentuch geben).

3. Von den Zuckerschoten die Enden abschneiden und die Schoten evtl. abfädeln. Zuckerschoten waschen, abtropfen lassen und halbieren. Von dem Porree die Außenblätter entfernen und Wurzelende und dunkles Grün abschneiden. Die Stange längs halbieren, gründlich waschen und abtropfen lassen. Die Porreestange in etwa 2 cm lange Stücke schneiden.

4. Keimöl in einer großen Pfanne erhitzen und zuerst Zwiebel- und Knoblauchwürfel darin andünsten. Dann Paprika- und Porreestücke dazugeben und etwa 8 Minuten mitdünsten lassen. Sprossen mit den Zuckerschoten in die Pfanne geben und kurz mit andünsten.

5. Garnelen mit den Reisnudeln mischen. Mit Sojasauce, Sambal Oelek, Kreuzkümmel, Austernsauce und Curry würzen und in eine große flache Auflaufform geben. Das Gemüse unterheben.

6. Den Auflauf mit Sesamsamen bestreuen und mit dem Keimöl beträufeln. Die Auflaufform auf dem Rost im unteren Drittel in den vorgeheizten Backofen schieben.

Ober-/Unterhitze: etwa 200 °C
Heißluft: etwa 180 °C
Garzeit: 10–15 Minuten.

Tipp: Bestreuen Sie den Auflauf vor dem Servieren mit Korianderblättchen.

Der marktfrische Tipp:

Mungobohnensprossen haben nur 27 kcal pro 100 g Ware und liefern wichtige Vitamine und Mineralstoffe, wie Vitamin C und E, Eisen und Phosphor. Mungobohnensprossen nur kurz (etwa 3 Minuten) erhitzen, damit sie ihren Biss behalten. Für die Verwendung im Salat die Sprossen etwa 1 Minute in kochendem Wasser blanchieren.

Marktfrische Küche im **August**

Sommer

Schokoladenauflauf mit Aprikosen

Zubereitungszeit: etwa 20 Minuten
Backzeit: etwa 10 Minuten

Pro Portion: E: 7 g, F: 14 g, Kh: 32 g, kJ: 1223, kcal: 292

4 Portionen

Zutaten:

Zum Vorbereiten:

500 g	reife Aprikosen
100 g	Zartbitter-Schokolade
1 Pck.	Gala Feiner Schokoladen-Pudding
2	Eigelb (Größe M)
etwa 65 g	Zucker
500 ml (1/2 l)	Milch
2	Eiweiß (Größe M)

Zum Bestreuen:

einige	abgezogene, gehobelte Mandeln

1. Zum Vorbereiten Aprikosen kurz in kochendes Wasser legen (nicht kochen lassen), kalt abschrecken und in einem Sieb abtropfen lassen, enthäuten, halbieren und entkernen. Schokolade grob raspeln oder in kleine Stücke schneiden.

2. Pudding-Pulver, Eigelb, 50 g Zucker und etwas von der Milch in einer kleinen Schüssel verrühren.

3. Restliche Milch in einem Topf zum Kochen bringen. Angerührtes Pudding-Pulver unter Rühren hineingeben und unter Rühren gut aufkochen lassen. Pudding von der Kochstelle nehmen und geraspelte Schokolade sofort unterrühren. Eiweiß steif schlagen und ebenfalls unter den heißen Pudding heben.

4. Die Hälfte der Aprikosenhälften in eine große Auflaufform oder in mehrere kleine Portionsförmchen geben. Den Pudding darauf verteilen. Restliche Aprikosenhälften, Mandeln und restlichen Zucker darauf geben. Die Form oder Förmchen auf dem Rost in den vorgeheizten Backofen schieben.

Ober-/Unterhitze: etwa 200 °C
Heißluft: etwa 180 °C
Backzeit: etwa 10 Minuten.

Tipp: Der Auflauf kann auch mit 500 g gedünsteten, in Spalten geschnittenen Birnen und 3 Esslöffeln Birnengeist oder 500 g frischen Früchten (z. B. Erdbeeren, Brombeeren oder Nektarinen) zubereitet werden. Wenn der Auflauf mit Beerenfrüchten zubereitet wird, schmeckt auch ein Vanillepudding sehr gut. Die Schokolade wird dann grob gehackt untergerührt.

Der marktfrische Tipp:

Die Aprikose stammt ursprünglich aus Zentralasien, seit dem 16. Jahrhundert wird sie auch in Nordeuropa kultiviert. Aprikosen liefern viel Betacarotin, Folsäure, Vitamin C und Kalium. Bei getrockneten Früchten ist der Betacarotin-Gehalt fast fünfmal so hoch wie bei frischen Früchten. 100 g frische Aprikosen liefern 43 kcal, 100 g getrocknete 240 kcal. Beim Einkauf sollte man darauf achten, dass man pralle Früchte mit intensiver Färbung und typischem Duft bekommt. Die oft unreif geernteten Früchte reifen nicht nach.

Sommer

Zwischen den Gemüsekisten leuchten golden die ersten Kürbisse und Maiskolben. Die Schatten werden wieder länger. Kohl, Wirsing und Porree beginnen in den Töpfen zu dampfen und sich in raffinierte Aufläufe zu verwandeln. An einer Ecke gibt es frischen Federweißen. Mit dem Schirm gegen den Wind geht es nach Hause. Der schönste Platz ist in der warmen Küche.

Herbst

Kürbis-Möhren-Suppe mit Chili und Koriander

Zubereitungszeit: etwa 35 Minuten

Pro Portion: E: 3 g, F: 16 g, Kh: 8 g, kJ: 769, kcal: 184

4 Portionen

Zutaten:

300 g	rotfleischiger Kürbis (z. B. Muskatkürbis, vorbereitet gewogen)
200 g	Möhren
100 g	rote Zwiebeln
2	kleine rote Chilischoten
2	Knoblauchzehen
2 EL	Sonnenblumenkernöl
$1^1/_2$ l	Gemüsebrühe
1 Bund	Koriander
4 EL	Sonnenblumenkernöl
	Salz

1. Kürbis schälen und halbieren. Die Kerne mit einem Löffel herauskratzen und Kürbisfleisch in große Würfel schneiden und wiegen (300 g). Möhren putzen, schälen, waschen, abtropfen lassen und ebenfalls in Würfel schneiden. Zwiebeln abziehen und fein würfeln. Chilischoten abspülen, abtrocknen, halbieren, entkernen und in feine Ringe schneiden. Knoblauch abziehen und durch eine Knoblauchpresse drücken.

2. Kürbis-, Möhren-, Zwiebelwürfel, Chiliringe und Knoblauch in dem Öl (2 EL) andünsten, Brühe zugeben und in 20–25 Minuten gar kochen.

3. Die Suppe pürieren. Koriander abspülen und trockentupfen. Die Blättchen von den Stängeln zupfen, klein schneiden und in einen hohen Becher geben. Die Hälfte des Sonnenblumenöls und eine Prise Salz hinzufügen. Die Zutaten mit einem Pürierstab fein pürieren. Restliches Sonnenblumenöl hinzugeben und nochmals pürieren.

4. Die Suppe mit Salz abschmecken und auf Teller verteilen. Jeweils mit einem Klecks Korianderöl garnieren und sofort servieren.

Tipp: Anstelle des Korianderöls können Sie auch Kürbiskernöl verwenden. Wer keinen Koriander mag, kann auch auf Minze ausweichen. Wenn Sie die Suppe etwas sämiger mögen, dann garen Sie 300 g Kartoffelwürfel mit.

Der marktfrische Tipp:

Zu den Speisekürbissen zählen u. a. der Hokkaidokürbis, Spaghettikürbis und Moschuskürbis. Insgesamt werden mehr als 800 Sorten angebaut. Der Hokkaidokürbis ist eine Variante des Riesenkürbis. Er ist breitrund, orangerot oder dunkelgrün und wiegt 1–2 kg. Das Fruchtfleisch hat ein nussiges Aroma. Der Spaghettikürbis hat eine zylindrische Fruchtform, das Fruchtfleisch ist hellgelb und hat lange, spaghetti-ähnliche Fasern, das Aroma ist nussähnlich. Alle Kürbissorten sind reich an Provitamin A, Vitamin C, D und E sowie an Kalium, Kalzium und Zink. 100 g geputzte Ware liefern nur 20 kcal.

Herbst

Lammeintopf mit Bohnen

Zubereitungszeit: etwa 90 Minuten

Pro Portion: E: 55 g, F: 37 g, Kh: 32 g, kJ: 2877, kcal: 686

4 Portionen

Zutaten:

750 g	Lammfleisch (mit Knochen, aus der Schulter)
1	Zwiebel
2–3 Zweige	Bohnenkraut
1 EL	Speiseöl
gut 1 l	Wasser
	Salz
1	Lorbeerblatt
4	Pfefferkörner
1 kg	grüne Bohnen
500 g	vorwiegend fest kochende Kartoffeln
750 g	Fleischtomaten
	frisch gemahlener Pfeffer
1–2 EL	gehackte Petersilie

1. Fleisch unter fließendem kalten Wasser abspülen und trockentupfen. Zwiebel abziehen und würfeln. Bohnenkraut abspülen und trockentupfen. Öl in einem großen Suppentopf erhitzen. Fleisch darin rundherum kräftig anbraten.

2. Zwiebelwürfel dazugeben, glasig dünsten und das Wasser dazugießen. Salz, Bohnenkraut, Lorbeerblatt und Pfefferkörner hinzugeben, alles aufkochen lassen und zugedeckt bei mittlerer Hitze etwa 50 Minuten garen.

3. In der Zwischenzeit von den Bohnen die Enden abschneiden, evtl. Fäden abziehen. Bohnen abspülen und in kleine Stücke schneiden oder brechen. Kartoffeln waschen, schälen, abspülen und in Würfel schneiden. Bohnen und Kartoffeln in die Brühe geben. Alles wieder zum Kochen bringen und zugedeckt noch etwa 20 Minuten garen.

4. Tomaten kurz mit kochendem Wasser überbrühen, anschließend kalt abschrecken, enthäuten, halbieren und entkernen. Fruchtfleisch klein schneiden, in den Eintopf geben und weitere 10 Minuten köcheln lassen.

5. Bohnenkraut und Lorbeerblatt aus dem Eintopf entfernen. Fleisch herausnehmen und etwas abkühlen lassen. Fleisch vom Knochen lösen, würfeln und nochmals kurz im Eintopf erhitzen.

6. Den Eintopf mit Salz und Pfeffer abschmecken und mit Petersilie bestreut servieren.

Der marktfrische Tipp:

Grüne Bohnen werden in Busch- und Stangenbohnen unterschieden. Buschbohnen sind niedrig wachsende Pflanzen, während Stangenbohnen hoch hinaus wollen. Es gibt die besonders zarten Prinzessbohnen, die rundhülsigen Brechbohnen, Gelb- oder Wachsbohnen und Keniabohnen, die dünne, faden- und samenlose Delikatess-Gartenbohnen. Im Freiland geerntet werden die Bohnen von Mai bis Oktober. Sie sind reich an hochwertigem Eiweiß, enthalten viel Vitamin C, K und Folsäure, außerdem viele Mineralstoffe.

Herbst

Gefüllte Fencheltaschen

Zubereitungszeit: etwa 55 Minuten
Garzeit: etwa 10 Minuten

Pro Portion: E: 16 g, F: 19 g, Kh: 18 g, kJ: 1283, kcal: 306

4 Portionen

Zutaten:

4	Fenchelknollen (je etwa 300 g)
	Salzwasser

Für die Füllung:

200 g	fest kochende Kartoffeln
2	dicke Möhren (etwa 200 g)
1/2	Knollensellerie (etwa 200 g)
1 kleine Stange	Porree (Lauch, etwa 200 g)
3 EL	Speise- oder Olivenöl
200 ml	Gemüsebrühe (Fenchelbrühe)
	Salz
	frisch gemahlener Pfeffer
120 g	geriebener Parmesan

Zum Garnieren:

1/2 Bund	Kerbel

1. Von den Fenchelknollen braune Stellen und Blätter entfernen und Wurzelenden gerade schneiden. Fenchelknollen aufblättern. Fencheltaschen mit Stiel beiseite legen und ausgehöhltes Fenchelfleisch in Streifen schneiden.

2. Salzwasser in einem großen Topf zum Kochen bringen. Fenchelschalen hinzufügen und 8–10 Minuten blanchieren. Fenchelschalen mit einer Schaumkelle herausnehmen, mit kaltem Wasser übergießen und in einem Sieb abtropfen lassen. Von der Fenchelbrühe 200 ml abmessen.

3. Für die Füllung Kartoffeln waschen, schälen und abspülen. Möhren und Sellerie putzen, schälen und waschen. Porreestange putzen, längs halbieren und waschen. Das Gemüse abtropfen lassen und in Streifen schneiden.

4. Speise- oder Olivenöl in einer großen Pfanne erhitzen und zuerst Kartoffelstreifen, dann Möhren-, Sellerie-, Fenchel- und Porreestreifen darin andünsten. Fenchelbrühe hinzugießen und die Zutaten 6–8 Minuten dünsten lassen. Mit Salz und Pfeffer würzen.

5. Die Fencheltaschen in eine große flache Auflaufform setzen und mit den Gemüsestreifen füllen. Mit Käse bestreuen. Die Form auf dem Rost in den vorgeheizten Backofen schieben.

Ober-/Unterhitze: 220–240 °C
Heißluft: 200–220 °C
Garzeit: etwa 10 Minuten.

6. Kerbel abspülen und trockentupfen. Die Fencheltaschen mit Kerbel garniert servieren.

Beilage: Kartoffelpüree.

Tipp: Würzen Sie die Gemüsestreifen zusätzlich mit 1 Esslöffel Thymianblättchen.

Der marktfrische Tipp:

Gemüsefenchel oder Knollenfenchel stammt ursprünglich aus Vorderasien und dem Mittelmeerraum. Fenchel gibt es das ganze Jahr über zu kaufen, ab Mai wird er bei uns angebaut, im Winter kommt er hauptsächlich aus Italien. Fenchel enthält viel Provitamin A, B-Vitamine, Vitamin E und C (in rohem Zustand ist sein Vitamin-C-Gehalt doppelt so hoch, wie von Orangen). Auch ist er reich an Folsäure, Kalium, Kalzium und Eisen, liefert aber nur 24 kcal pro 100 g. Fenchel hält sich im Kühlschrank maximal 2 Tage.

Herbst

Kürbispuffer (Foto)

Zubereitungszeit: etwa 30 Minuten

Pro Portion: E: 18 g, F: 29 g, Kh: 23 g, kJ: 1820, kcal: 434

4 Portionen

Zutaten:

1/2–1 Bund	Koriander
300 g	Kürbisfruchtfleisch
200 g	Fetakäse
1–2	Knoblauchzehen
50 g	Maismehl
50 g	Weizenmehl
3	Eier (Größe M)
	Salz
	frisch gemahlener Pfeffer
6 EL	Speiseöl

1. Koriander abspülen, trockentupfen und die Blättchen von den Stängeln zupfen. Einige Blättchen zum Garnieren zurücklassen, die restlichen Blättchen klein schneiden. Kürbisfruchtfleisch auf der groben Seite einer Haushaltsreibe raspeln.

2. Die Hälfte des Käses in einer Schüssel mit einer Gabel zerdrücken. Knoblauch abziehen und durch die Presse hinzufügen.

3. Beide Mehlsorten, Eier, Kürbisraspel und Koriander dazugeben und alles zu einem Teig verrühren. Mit Salz und Pfeffer würzen.

4. Öl portionsweise in einer Pfanne erhitzen und aus dem Teig portionsweise 12 kleine Puffer braten. Die fertigen Puffer warm stellen.

5. Den restlichen Fetakäse zerkrümeln und über die Puffer streuen. Mit den zurückgelassenen Korianderblättern garnieren.

Beilage: Kräuter Crème fraîche.

Tipp: Die Puffer als Vorspeise oder kleines Gericht servieren. Zum Sattessen die Zutaten verdoppeln und einen Blattsalat dazureichen. Frischer Koriander ist sehr geschmacksintensiv, deshalb zuerst einen Probepuffer backen und die Koriandermenge dann evtl. erhöhen. Anstelle von Koriander können Sie auch Petersilie oder Dill verwenden.

Steinpilze

Zubereitungszeit: etwa 30 Minuten

Pro Portion: E: 6 g, F: 13 g, Kh: 2 g, kJ: 576, kcal: 137

4 Portionen

Zutaten:

500 g	Steinpilze
1	Knoblauchzehe
150 g	Tomaten
5 EL	Olivenöl
	Salz
	frisch gemahlener Pfeffer
1 EL	gehackte Petersilie

1. Von den Pilzen Stielenden und schlechte Stellen abschneiden, Pilze mit Küchenpapier abreiben, evtl. abspülen, trockentupfen und der Länge nach in Scheiben schneiden. Knoblauch abziehen und fein hacken. Tomaten kurz in kochendes Wasser legen (nicht kochen lassen), kalt abschrecken und enthäuten, die Stängelansätze herausschneiden und Tomaten in Würfel schneiden.

2. Die Hälfte des Öls in einer Pfanne erhitzen. Die Hälfte der Pilzscheiben darin bei mittlerer Hitze 5–7 Minuten braten, salzen, pfeffern und herausnehmen, auf vorgewärmten Tellern anrichten und warm stellen. Die restlichen Pilzscheiben ebenso zubereiten.

3. Knoblauch in dem verbliebenen Bratfett andünsten. Tomatenwürfel dazugeben und erhitzen. Petersilie unterrühren und mit Salz und Pfeffer würzen, über die Pilze geben.

Beilage: Warmes Kräuterbaguette oder Bratkartoffeln und Rührei.

Tipp: Sie können zusätzlich bei jeder Portion Steinpilze 35–50 g durchwachsenen, geräucherten, gewürfelten Speck mitbraten.

Marktfrische Küche im **September**

Herbst

Gulasch vom Wirsingkohl in Balsamicosauce (Foto)

Zubereitungszeit: etwa 55 Minuten

Pro Portion: E: 5 g, F: 7 g, Kh: 17 g, kJ: 668, kcal: 160

4 Portionen

Zutaten:

½ kleiner Kopf	Wirsing (etwa 500 g)
etwa 600 g	Suppengemüse (Möhren, Porree [Lauch], Sellerie, Zwiebeln)
300 g	kleine, fest kochende Kartoffeln
½ Bund	Thymian
3 EL	Olivenöl oder Speiseöl
1 EL	Zucker
3 EL	Balsamico-Essig
200 ml	Gemüsebrühe
	Kümmelsamen
	Salz, Pfeffer

1. Von dem Wirsing die groben äußeren Blätter lösen, Wirsing vierteln und den Strunk herausschneiden. Wirsing abspülen, abtropfen lassen und in Stücke schneiden. Suppengemüse putzen, schälen, waschen, abtropfen lassen und in kleine Würfel schneiden.

2. Kartoffeln waschen, schälen, abspülen, abtropfen lassen und in Würfel schneiden. Thymian abspülen und trockentupfen. Die Blättchen von den Stängeln zupfen.

3. Öl in einem Bräter oder großen Topf erhitzen und vorbereitete Gemüse- und Kartoffelwürfel in 2 Portionen etwa 5 Minuten darin andünsten. Zucker unterrühren und karamellisieren lassen. Essig und Brühe hinzugießen. Die Hälfte der Thymianblättchen hinzugeben und mit Kümmelsamen, Salz und Pfeffer würzen. Die Zutaten zum Kochen bringen und zugedeckt bei schwacher Hitze etwa 30 Minuten garen. Nochmals mit den Gewürzen abschmecken und restliche Thymianblättchen unterrühren.

Beilage: Landbrot oder Roggenbrötchen.

Tipp: Verfeinern Sie das Gulasch mit 1 Becher (150 g) Crème légère und binden Sie die Brühe mit etwas hellem Saucenbinder.

Penne mit Kürbis und Kapern

Zubereitungszeit: etwa 35 Minuten

Pro Portion: E: 15 g, F: 15 g, Kh: 74 g, kJ: 2183, kcal: 521

3–4 Portionen

Zutaten:

Für die Gemüsesauce:

2	Schalotten
200 g	Kürbisfruchtfleisch
4 EL	Olivenöl
etwa 100 ml	Gemüsebrühe
2	Fleischtomaten (400 g)
35 g	Kapern
	Salz, Pfeffer
	geriebene Muskatnuss
etwa 1 EL	Balsamico-Essig
	Zucker
einige	Minzezweige
4 l	Wasser
4 TL	Salz
400 g	Penne Nudeln (oder Nudeln Ihrer Wahl)

1. Schalotten abziehen und in Scheiben schneiden. Kürbisfleisch abspülen, trockentupfen und in kleine Würfel schneiden, mit den Schalotten in dem Öl andünsten, Brühe zugeben und im geschlossenen Topf etwa 10 Minuten dünsten lassen. Tomaten waschen, die Stängelansätze herausschneiden und Tomaten in Stücke schneiden. Kapern abtropfen lassen.

2. Inzwischen Wasser in einem großen Topf mit geschlossenem Deckel zum Kochen bringen. Salz und Nudeln zugeben und Nudeln nach Packungsanleitung bei mittlerer Hitze im geöffneten Topf bissfest garen. Zwischendurch 4–5-mal umrühren. Die Nudeln auf ein Sieb gießen und gut abtropfen lassen.

3. Kapern und Tomatenstücke zum Kürbis geben, mit Salz, Pfeffer, Muskat, Essig und Zucker würzen und 3–5 Minuten dünsten.

4. Minzezweige abspülen und die Blätter von den Stängeln zupfen. Abgetropfte Nudeln und einige Minzeblättchen zum Gemüse geben, erhitzen und nochmals abschmecken. Mit den restlichen Minzeblättern bestreuen.

Beilage: Ciabatta.

Tipp: Gut schmecken dazu gebratene Scampi und Muscheln. Tomaten nach Belieben enthäuten.

Marktfrische Küche im **September**

Herbst

Puten-Pilz-Gulasch

Zubereitungszeit: etwa 10 Minuten **Pro Portion:** E: 42 g, F: 13 g, Kh: 2 g, kJ: 1288, kcal: 308 **4 Portionen**

Zutaten:

750 g	Putenfleisch aus der Keule (ohne Knochen)
	Salz
	frisch gemahlener Pfeffer
	Paprikapulver edelsüß
3 EL	Speiseöl
1–2 EL	Tomatenmark
200 ml	Geflügelbrühe oder -fond
1/2 Bund	Thymian
200 g	Champignons
200 g	Austernpilze
150 g	frische Pfifferlinge
1 TL	grüne Pfefferkörner
1 TL	rosa Pfefferbeeren

1. Putenfleisch unter fließendem kalten Wasser abspülen, trockentupfen, in Würfel schneiden und mit Salz, Pfeffer und Paprika bestreuen.

2. Speiseöl in einem Bräter erhitzen und Fleischwürfel von allen Seiten kräftig darin anbraten. Tomatenmark unterrühren. Brühe oder Fond hinzugießen, zum Kochen bringen und zugedeckt bei schwacher Hitze insgesamt etwa 40 Minuten garen, dabei ab und zu umrühren.

3. In der Zwischenzeit Thymian abspülen und trockentupfen (einige Zweige zum Garnieren beiseite legen). Champignons, Austernpilze und Pfifferlinge putzen und mit Küchenpapier abreiben.

4. Die Pilze, Thymian und Pfefferkörner nach etwa 30 Minuten Garzeit zum Gulasch geben und weitere 10 Minuten mitgaren lassen. Alles nochmals mit den Gewürzen abschmecken.

5. Das Puten-Pilz-Gulasch mit den beiseite gelegten Thymianzweigen und Pfefferbeeren garniert servieren.

Beilage: Spätzle oder Spiralnudeln.

Der marktfrische Tipp:

Austernpilze haben einen großen, muschelförmigen Hut, der leicht nach unten gebogen ist und zwischen 4 und 20 cm misst. Ursprünglich ein Waldpilz, kommt er heute als Zuchtpilz auf den Markt, und ist das ganze Jahr über erhältlich. Austernpilze haben einen vollen und kräftigen Geschmack. Neben den Vitaminen B_1, B_2 und Niacin enthalten sie viel Kalium, Phosphor und Eisen. 100 g Austernpilze liefern 11 kcal. Im Gemüsefach im Kühlschrank bleiben sie mehrere Tage frisch.

Marktfrische Küche im September

Herbst

Kräuterdorsch auf Dill-Gurkengemüse

Zubereitungszeit: etwa 30 Minuten

Pro Portion: E: 29 g, F: 24 g, Kh: 7 g, kJ: 1597, kcal: 380

4 Portionen

Zutaten:

4 Stücke (je 150 g)	küchenfertiges Dorschfilet
	Salz
	frisch gemahlener Pfeffer
	Zitronensaft
2 EL	Weizenmehl
4 EL	Speiseöl
4 EL	gemischte, gehackte Kräuter, z. B. Dill, Petersilie, Schnittlauch, Thymian, Basilikum
2	kleine Salatgurken (je 400–500 g)
1	Zwiebel
1	Knoblauchzehe
50 g	Butter
2–3 EL	gehackter Dill

1. Dorschfilet unter fließendem kalten Wasser abspülen und trockentupfen. Mit Salz, Pfeffer und Zitronensaft würzen und leicht mit Mehl bestäuben.

2. Öl in einer Pfanne erhitzen und die Dorschfilets von beiden Seiten jeweils etwa 3 Minuten braten. Kräuter auf die Oberseite der Filets streuen, die Filets auf eine vorgewärmte Platte legen, mit Alufolie abdecken und im vorgeheizten Backofen auf dem Rost bei 120–150 °C warm stellen.

3. Salatgurken schälen, längs halbieren und mit einem Teelöffel die Kerne entfernen. Die Gurken in $^{1}/_{2}$ cm dicke Stücke schneiden. Zwiebel und Knoblauch abziehen und würfeln.

4. Butter in einer Pfanne erhitzen. Zwiebelwürfel und Gurkenstückchen darin andünsten, mit Salz, Pfeffer, Knoblauch und Dill würzen und etwa 5 Minuten garen.

5. Den Fisch auf dem Gurkengemüse anrichten und die ausgetretene Flüssigkeit darüber träufeln, sofort servieren.

Beilage: Knoblauch-Butter-Kartoffeln: Dafür 800 g sehr kleine Kartoffeln waschen, mit Salzwasser bedeckt in 15–20 Minuten gar kochen, kalt abspülen, pellen und erkaltet in 1–2 Esslöffeln Butterschmalz hellbraun braten, mit Salz und Pfeffer würzen. Kurz vor Ende der Garzeit 2–3 abgezogene, in feine Streifen geschnittene Knoblauchzehen mitbraten.

Tipp: Die Zwiebel- und Gurkenwürfel in nur 25 g Butter dünsten und zum Schluss $^{1}/_{2}$–1 Becher (75–150 g) Crème fraîche unterheben. Das Gemüse mit Salz, Pfeffer, Zitronensaft und 1 Prise Zucker abschmecken.

Der marktfrische Tipp:

Salatgurken, auch Schlangen- oder Hausgurken, kommen vorwiegend aus dem Gewächshaus. Freilandgurken werden von Mitte August bis Ende September angeboten. Da Gurken zu 98 % aus Wasser bestehen, liefern sie sehr wenig Kalorien, pro 100 g nur 10 kcal. Sie haben einen hohen Gehalt an Kalium, Kalzium, Phosphor und Eisen sowie an Provitamin A, Vitamin B_1 und C.

Herbst

Zwiebelkuchen vom Blech

Zubereitungszeit: etwa 60 Minuten, ohne Gehzeit
Backzeit: etwa 40 Minuten

Insgesamt: E: 178 g, F: 407 g, Kh: 406 g, kJ: 26223, kcal: 6269

4 Portionen

Zutaten:

Für den Hefeteig:

400 g	Weizenvollkornmehl
1 Pck.	Dr. Oetker Trockenbackhefe
1 TL	Zucker
1 TL	Salz
4 EL	Speiseöl
etwa 250 ml (1/4 l)	lauwarme Milch

Für den Belag:

1 1/2 kg	Gemüsezwiebeln
2 EL	Speiseöl
	Salz
	frisch gemahlener Pfeffer
	getrockneter Oregano
1	Knoblauchzehe
1 TL	Kümmelsamen
350 g	durchwachsener Speck
200 g	mittelalter Gouda
3	Eier (Größe M)
2 EL	Crème fraîche
	Butter oder Margarine

1. Für den Teig Mehl in eine Schüssel geben und mit der Hefe sorgfältig vermischen. Zucker, Salz, Öl und Milch hinzufügen und alles mit Handrührgerät mit Knethaken zunächst auf niedrigster, dann auf höchster Stufe in etwa 5 Minuten zu einem elastischen Teig verarbeiten. Je nach Teigbeschaffenheit evtl. noch etwas Milch zugeben oder Mehl unterkneten.

2. Den Teig an einem warmen Ort so lange gehen lassen, bis er sich sichtbar vergrößert hat.

3. Für den Belag Zwiebeln abziehen, vierteln und in Streifen schneiden. Öl erhitzen, Zwiebeln darin andünsten und mit Salz, Pfeffer und Oregano würzen. Knoblauch abziehen, fein hacken und mit Kümmel unterrühren, etwas abkühlen lassen.

4. Speck in Würfel schneiden, Gouda raspeln. Speck, Gouda, Eier und Crème fraîche unter die Zwiebelmasse rühren und mit Salz und Pfeffer abschmecken.

5. Den gegangenen Teig nochmals kurz auf der bemehlten Arbeitsfläche durchkneten und ihn in der Größe einer Fettfangschale ausrollen. Fettfangschale mit Butter oder Margarine einfetten, den Teig hineingeben, an den Seiten hochdrücken und die Zwiebelmasse darauf verteilen.

6. Den Teig nochmals an einem warmen Ort gehen lassen, erst dann in den vorgeheizten Backofen schieben.

Ober-/Unterhitze: etwa 200 °C
Heißluft: etwa 180 °C
Backzeit: etwa 40 Minuten.

Der marktfrische Tipp:

Neben der gewöhnlichen braunen Küchenzwiebel gibt es eine ganze Reihe von Zwiebelspezialitäten: die großen Gemüsezwiebeln, die zum Füllen gut geeignet sind, rote Zwiebeln sorgen im Salat für Farbtupfer und schmecken süßlich-würzig, weiße Zwiebeln haben ein besonders feines Aroma und Schalotten sind der Liebling der Feinschmecker. Zwiebeln sind reich an Kalium, Zink, Selen und Betacarotin.

Marktfrische Küche im September

Herbst

Zimtstreusel-Zwetschen

Zubereitungszeit: etwa 40 Minuten
Backzeit: etwa 45 Minuten

Pro Portion: E: 9 g, F: 29 g, Kh: 83 g, kJ: 2731, kcal: 653

4 Portionen

Zutaten:

Für die Streusel:

150 g	Weizenmehl
50 g	gemahlene Mandeln
75 g	Zucker
1 geh. TL	gemahlener Zimt
100 g	weiche Butter
750 g	reife Zwetschen
100 g	Löffelbiskuits
1	Vanilleschote
1	Bio-Zitrone (unbehandelt)
50 g	Zucker
2 cl	brauner Rum

1. Für die Streusel alle Zutaten in eine Rührschüssel geben und mit Handrührgerät mit Rührbesen zu Streuseln verarbeiten.

2. Zwetschen waschen, abtrocknen, halbieren und entsteinen. Löffelbiskuits in einen Gefrierbeutel geben, Beutel fest verschließen und Löffelbiskuits mit einer Teigrolle zerbröseln. Vanilleschote längs halbieren und das Mark herauskratzen. Zitrone heiß abwaschen, abtrocknen und mit einem Sparschäler oder Zestenreißer die gelbe Schale abschälen.

3. Zwetschenhälften, Biskuitbrösel, Vanilleschote und -mark, Zitronenschale, Zucker und Rum in eine Auflaufform geben und die Zutaten gut vermengen. Zimtstreusel darauf verteilen.

4. Die Auflaufform auf dem Rost in den vorgeheizten Backofen schieben.

Ober-/Unterhitze: etwa 200 °C
Heißluft: etwa 180 °C
Backzeit: etwa 45 Minuten.

Beilage: Vanilleeis.

Tipp: Anstatt der Vanilleschote können Sie auch 1 Pck. Dr. Oetker Bourbon-Vanille-Zucker verwenden.

Der marktfrische Tipp:

Zwetschen stammen von der „Urpflaume" ab, die ursprünglich aus Vorderasien stammt. Weitere Vertreter sind Pflaumen, Reineclauden, Mirabellen und Japanische Pflaumen, die im Winter als Importpflaumen erhältlich sind. Zwetschen sind länglich-oval, ihre dunkelblaue Haut ist mit einem weißlichen Reif überzogen, der vor dem Austrocknen schützt. Zwetschen enthalten Kalium, Zink, Provitamin A und fast alle B-Vitamine. Dabei liefern 100 g verzehrbare Ware 49 kcal.

Herbst

Waldpilzsalat

Zubereitungszeit: etwa 30 Minuten

Pro Portion: E: 13 g, F: 15 g, Kh: 3 g, kJ: 841, kcal: 201

4 Portionen

Zutaten:

1 kg	Waldpilze, z.B. Maronen, Steinpilze, Pfifferlinge, Birkenpilze, Rotkappen
5 EL	Olivenöl
2	Zwiebeln
1	Knoblauchzehe
	Saft von
1	Zitrone
	Salz
	frisch gemahlener Pfeffer
1 TL	getrockneter Thymian
150 g	gekochter Schinken, in Scheiben
1 Bund	glatte Petersilie

1. Pilze putzen, nicht zu stark verschmutzte mit einem Pinsel abbürsten, ansonsten kalt abspülen, gut abtropfen lassen, trockentupfen und etwas zerkleinern.

2. In einer großen Pfanne das Öl erhitzen und die Pilze evtl. in zwei Portionen darin anbraten. Zwiebeln und Knoblauch abziehen, in feine Würfel schneiden und ebenfalls mit anbraten, Pilze etwa 10 Minuten garen.

3. Die Pilze abkühlen lassen und mit Zitronensaft, Salz, Pfeffer und Thymian würzen. Schinken in Streifen schneiden. Petersilie kalt abspülen, trockentupfen, die Blättchen von den Stängeln zupfen und klein schneiden. Schinkenstreifen und Petersilie unter die Pilze heben.

Tipp: Waldpilzsalat für 6 Personen als Vorspeise mit Toast reichen oder zu gebratenen Steaks und Bratkartoffeln servieren.

Rettich-Rote-Bete-Salat

Zubereitungszeit: etwa 30 Minuten, ohne Durchziehzeit

Pro Portion: E: 4 g, F: 21 g, Kh: 11 g, kJ: 1063, kcal: 255

4 Portionen

Zutaten:

500 g	Rettich
200 g	Rote Bete

Für die Sauce:

3 EL	weißer Balsamico-Essig
	Salz
	frisch gemahlener Pfeffer
1–2 TL	flüssiger Honig
4–5 EL	Walnussöl
50 g	Walnusskerne
1 Bund (150 g)	Rucola (Rauke)

1. Rettich schälen, waschen und abtropfen lassen. Rote Bete gründlich waschen und schälen. Beide Zutaten auf dem Gemüsehobel in feine Streifen hobeln und in einer Schüssel mischen.

2. Für die Sauce Essig mit Salz, Pfeffer und Honig verrühren. Öl unterschlagen. Die Sauce unter die Gemüsestreifen mischen und den Salat mindestens 30 Minuten durchziehen lassen.

3. Walnusskerne hacken. Rucola putzen, waschen, trockenschleudern und in kleine Stücke zupfen. Rucola unter die Gemüsestreifen heben. Den Salat mit Walnusskernen bestreuen.

Tipp: Verarbeiten Sie die Rote Bete am besten mit Gummihandschuhen, da Rote Bete stark färbt. Der Salat lässt sich auch mit eingelegten Rote-Bete-Scheiben oder -Streifen aus dem Glas zubereiten. Dann die Essigmenge für die Sauce reduzieren.

Marktfrische Küche im **Oktober**

Herbst

Brokkolicremesuppe

Zubereitungszeit: etwa 30 Minuten

Pro Portion: E: 13 g, F: 6 g, Kh: 17 g, kJ: 748, kcal: 178

4 Portionen

Zutaten:

1 kg	Brokkoli
300 ml	Wasser
1 EL	Instant-Gemüsebrühe
500 ml (½ l)	Vollmilch
4 EL	Haferkleieflocken (Reformhaus oder Bioladen)
	Salz
	frisch gemahlener weißer Pfeffer
	geriebene Muskatnuss

1. Vom Brokkoli die Blätter entfernen. Brokkoli in Röschen teilen, die Stängel am Strunk schälen und klein schneiden. Die Röschen waschen und abtropfen lassen.

2. Wasser mit Gemüsebrühe zum Kochen bringen, Brokkoli zugeben und zugedeckt etwa 15 Minuten bei mittlerer Hitze dünsten lassen. Anschließend alles mit einem Pürierstab pürieren.

3. Milch erhitzen und nach und nach zum Brokkolipüree gießen. Die Flüssigkeit mit dem Pürierstab so lange pürieren, bis eine glatte Cremesuppe entstanden ist.

4. Haferkleieflocken unterrühren und die Suppe nochmals kurz aufkochen lassen. Die Suppe mit Salz, Pfeffer und Muskat abschmecken.

Tipp: Als schnelle Verfeinerungsidee die Suppe mit Räucherlachsstreifen, Krabben, fein gewürfelten Tomatenstückchen oder Knoblauch-Croûtons servieren.

Der marktfrische Tipp:

Brokkoli wird zwischen Mai und Dezember aus heimischem Anbau angeboten. Der ursprünglich aus Kleinasien stammende Kohl wird heute hauptsächlich in Italien angebaut, da er nicht winterfest ist. Ein hoher Gehalt an Betacarotin, Kalzium, Kalium und Magnesium sowie an Vitamin C und Folsäure machen ihn besonders wertvoll. 100 g Brokkoli enthalten 22 kcal. Beim Einkauf ist darauf zu achten, dass die Röschen knackig grün sind und die Schnittstelle frisch. Im Gemüsefach bleibt er nur maximal 3 Tage frisch.

Herbst

Schweineschnitzel „Bäuerliche Art“

Zubereitungszeit: etwa 55 Minuten
Garzeit: etwa 20 Minuten

Pro Portion: E: 37 g, F: 22 g, Kh: 12 g, kJ: 1626, kcal: 389

4 Portionen

Zutaten:

4	Schweineschnitzel aus der Keule (je etwa 160 g)
	Salz
	frisch gemahlener Pfeffer
2–3 EL	Speiseöl

Für das Ragout:

300 g	kleine weiße Champignons
700 g	fest kochende Kartoffeln
500 g	Brechbohnen
	Salzwasser
100 g	magerer Speck
1/2 Bund	Schnittlauch
3–4 EL	Speiseöl

1. Schweineschnitzel unter fließendem kalten Wasser abspülen und trockentupfen. Mit Salz und Pfeffer bestreuen.

2. Speiseöl in einer großen Pfanne erhitzen und die Schnitzel von beiden Seiten je 3 Minuten darin anbraten, herausnehmen, auf eine feuerfeste Platte legen und auf dem Rost in den vorgeheizten Backofen schieben.

Ober-/Unterhitze: etwa 140 °C
Heißluft: etwa 120 °C
Garzeit: etwa 20 Minuten.

3. Inzwischen für das Ragout Champignons putzen, mit Küchenpapier abreiben, evtl. abspülen und abtropfen lassen. Große Champignons evtl. halbieren oder vierteln. Kartoffeln waschen, schälen, abspülen und in Würfel schneiden. Bohnen waschen, die Enden abschneiden, evtl. Fäden abziehen und in Stücke brechen oder schneiden.

4. Salzwasser in einem Topf zum Kochen bringen, Kartoffelwürfel und Bohnen 10–15 Minuten darin kochen. Kartoffelwürfel und Bohnen in ein Sieb geben und abtropfen lassen. Speck in kleine Würfel schneiden. Schnittlauch abspülen, trockentupfen und in Röllchen schneiden.

5. Speiseöl in einer großen Pfanne erhitzen. Speck-, Kartoffelwürfel, Bohnen und Champignons hinzugeben und unter Wenden kräftig anbraten. Mit Salz und Pfeffer würzen und evtl. einige Esslöffel Wasser hinzufügen.

6. Die Schnitzel mit dem Ragout anrichten und mit Schnittlauchröllchen bestreut servieren.

Tipp: Die Schnitzel können auch in Weizenmehl und Ei gewendet und mit Semmelbröseln paniert werden. Die Schnitzel können anstatt aus der Keule auch aus dem Nacken geschnitten werden. Für das Ragout eignen sich auch gut Pellkartoffeln.

Der marktfrische Tipp:

Der Champignon, auch Egerling genannt, ist der beliebteste Speisepilz, der in vielen Sorten gezüchtet wird. Es gibt weiße, cremefarbene und braune Sorten. Der braune Champignon hat einen intensiveren Geschmack. Champignons sind kalorienarm, 100 g Pilze enthalten lediglich 20 kcal. Sie sind reich an Kalium und Phosphor sowie an den Vitaminen B_1 und B_2. Sie sind im Kühlschrank maximal 2 Tage haltbar. Zur Verarbeitung Champignons nicht waschen, sondern nur mit einem feuchten Tuch abreiben.

Herbst

Kaninchenrücken auf Wirsing

Zubereitungszeit: 30 Minuten

Pro Portion: E: 46 g, F: 19 g, Kh: 51 g, kJ: 2337, kcal: 557

4 Portionen

Zutaten:

4	Kaninchenrückenfilets (je etwa 160 g)
	Salz
	frisch gemahlener Pfeffer
800 g	Wirsing
	Wasser
1 TL	Salz
1 Becher (150 g)	Crème fraîche
	geriebene Muskatnuss
3 EL	Speiseöl, z. B. Rapsöl
500–600 g	Schupfnudeln (aus dem Kühlregal)

1. Kaninchenrückenfilets unter fließendem kalten Wasser abspülen, trockentupfen und mit Salz und Pfeffer würzen.

2. Von dem Wirsing die äußeren welken Blätter entfernen, den Wirsing vierteln und den Strunk herausschneiden. Wirsing abspülen, abtropfen lassen und klein schneiden.

3. Wasser mit Salz in einem Topf zum Kochen bringen und die Wirsingstücke darin 3 Minuten blanchieren, anschließend in ein Sieb geben, mit kaltem Wasser übergießen und gut abtropfen lassen.

4. Gemüse mit Crème fraîche verrühren, in einem Topf unter Rühren etwa 3 Minuten garen, mit Salz, Pfeffer und Muskat würzen.

5. Speiseöl in einer Pfanne erhitzen und die Rückenfilets darin von allen Seiten 5–8 Minuten braten. Schupfnudeln nach Packungsanleitung zubereiten. Kaninchenrückenfilets auf dem Wirsinggemüse anrichten und mit den Schupfnudeln servieren.

Der marktfrische Tipp:

Wirsing wird das ganze Jahr angeboten. Man unterscheidet frühe, mittelfrühe, Herbst- und Wintersorten, wobei die späten Sorten einen ausgeprägteren Kohlgeschmack aufweisen. Wirsing liefert Kalium, Eisen und Phosphor, B-Vitamine, Vitamin C und Folsäure. Der Energiegehalt liegt bei 32 kcal pro 100 g geputzter Ware. Beim Einkauf darauf achten, dass die Blätter frisch und knackig sind. Im Gemüsefach des Kühlschranks bleibt Wirsing etwa 1 Woche frisch.

Herbst

Zigeunerhuhn mit Paprika

Zubereitungszeit: etwa 40 Minuten
Garzeit: etwa 90 Minuten

Pro Portion: E: 60 g, F: 35 g, Kh: 18 g, kJ: 2635, kcal: 630

Römertopf 4-Liter-Inhalt

Zutaten:

1	Poularde (küchenfertig, etwa 1,5 kg)
	Salz
	frisch gemahlener Pfeffer
1 EL	Paprikapulver edelsüß
150 g	Zwiebeln
2	Knoblauchzehen
je 2	große rote und gelbe Paprikaschoten
2 Zweige	Thymian
2 Zweige	Rosmarin
2 EL	Olivenöl
2 EL	Rosinen
2 EL	Pinienkerne

1. Poularde in acht Stücke teilen (Brust und Keulen jeweils halbieren). Poulardenstücke unter fließendem kalten Wasser abspülen und trockentupfen. Mit Salz, Pfeffer und Paprika einreiben.

2. Zwiebeln und Knoblauch abziehen. Zwiebeln in große Würfel schneiden und Knoblauch durch eine Knoblauchpresse drücken. Paprika halbieren, entstielen, entkernen und die weißen Scheidewände entfernen. Die Schoten waschen, trockentupfen und in mundgerechte Stücke schneiden. Thymian und Rosmarin abspülen und trockentupfen.

3. Poulardenstücke, Zwiebelwürfel, Knoblauch und Paprikastücke in einen gewässerten Römertopf geben und gut vermengen. Olivenöl, Thymian und Rosmarin unterrühren. Mit Salz und Pfeffer würzen.

4. Den Römertopf mit dem Deckel verschließen und auf dem Rost in den kalten Backofen schieben.

Ober-/Unterhitze: etwa 200 °C
Heißluft: etwa 180 °C
Garzeit: etwa 90 Minuten.

5. Nach etwa 75 Minuten Garzeit Rosinen und Pinienkerne in den Römertopf geben und weitere 15 Minuten ohne Deckel garen.

Beilage: Röstkartoffeln.

Tipp: Sie können das Gericht auch mit 4 halbierten Hähnchenschenkeln zubereiten.

Der marktfrische Tipp:

Rosmarin ist im Mittelmeerraum heimisch, wird aber auch in Deutschland angebaut. Rosmarin ist ein wichtiges Gewürz der mediterranen Küche und passt zu Fleisch, Gemüse und Käse, aber auch zu Äpfeln. Rosmarin hat einen sehr intensiven, aromatischen Geruch und einen harzigen, leicht bitteren Geschmack, der an Kampfer und Eukalyptus erinnert. Wegen seiner starken Würzkraft sollte er sparsam dosiert werden.

Marktfrische Küche im **Oktober**

Herbst

Kürbis-Fisch-Gratin

Zubereitungszeit: etwa 40 Minuten
Garzeit: 65–70 Minuten

Pro Portion: E: 31 g, F: 30 g, Kh: 28 g, kJ: 2820, kcal: 674

4 Portionen

Zutaten:

600 g	Kürbisfruchtfleisch
600 g	Kartoffeln

Für den Guss und zum Bestreuen:

2	Eier (Größe M)
250 g	Schlagsahne
	Salz
	frisch gemahlener Pfeffer
1/2 Bund	Dill
500 g	Lachsfilet
3 TL	körniger Senf
1 Becher (150 g)	Crème fraîche

1. Kürbisfruchtfleisch in große, dünne Scheiben schneiden. Kartoffeln waschen, schälen, abspülen und in dünne Scheiben schneiden oder hobeln.

2. Für den Guss Eier und Sahne verquirlen und mit Salz und Pfeffer kräftig würzen. Dill kalt abspülen, trockentupfen, die Spitzen von den Stängeln zupfen und fein schneiden. Die Hälfte des Dills unter den Guss rühren.

3. Kürbis- und Kartoffelscheiben in eine flache Auflaufform schichten. Den Guss darüber gießen und mit Alufolie zudecken. Die Form auf dem Rost in den vorgeheizten Backofen schieben.

Ober-/Unterhitze: etwa 180 °C
Heißluft: etwa 160 °C
Garzeit: etwa 50 Minuten.

4. In der Zwischenzeit Lachsfilet unter fließendem kalten Wasser abspülen, trockentupfen und mit etwas Senf bestreichen, mit Salz und Pfeffer würzen.

5. Die Form aus dem Backofen nehmen, auf einen Kuchenrost stellen und die Alufolie entfernen. Lachsfilet auf das Gratin legen und Crème fraîche darauf verteilen. Die Form wieder auf dem Rost in den vorgeheizten Backofen schieben.

Ober-/Unterhitze: etwa 200 °C
Heißluft: etwa 180 °C
Garzeit: 15–20 Minuten.

6. Das Gratin mit dem restlichen Dill bestreut servieren.

Beilage: Grüner Salat.

Tipp: Sie können das Gericht auch mit Dorsch-, Kabeljau- oder Schellfischfilet zubereiten.

Der marktfrische Tipp:

Kartoffeln werden mittlerweile das ganze Jahr über angeboten. Mit nur 70 kcal pro 100 g geputzter Ware sind sie wahre Schlankmacher, dafür sind sie reich an Vitamin C, Niacin, B_1, B_2 und B_6. Sie enthalten hochwertiges Eiweiß und einen beachtlichen Anteil an Magnesium, Kalium und Eisen. Kartoffeln sind ein wichtiger Ballaststofflieferant, darum am besten mit Schale verzehren. Kartoffeln sollen kühl und dunkel gelagert und möglichst schnell verarbeitet werden.

Herbst

Kartoffelauflauf mit Hackfleisch und Porree

Zubereitungszeit: etwa 40 Minuten
Garzeit: etwa 30 Minuten

Pro Portion: E: 34 g, F: 43 g, Kh: 31 g, kJ: 2729, kcal: 651

4 Portionen

Zutaten:

750 g	Kartoffeln
	Salz
2 Stangen	Porree (Lauch, etwa 500 g)
2	Zwiebeln
2	Knoblauchzehen
2 EL	Speiseöl
500 g	Gehacktes (halb Rind-, halb Schweinefleisch)
	frisch gemahlener Pfeffer
	Cayennepfeffer
250 g	saure Sahne
2 EL	gehackte Petersilie
50 g	geriebener Emmentaler
1 EL	Butter
einige	vorbereitete Petersilienblättchen

1. Kartoffeln gründlich waschen, mit Wasser bedeckt zum Kochen bringen, Salz zugeben und Kartoffeln in 20–25 Minuten mit Deckel gar kochen. Die garen Kartoffeln abgießen, mit kaltem Wasser abschrecken, sofort pellen und etwas abkühlen lassen. Kartoffeln in Scheiben schneiden.

2. Porree putzen, Stangen längs halbieren, waschen, abtropfen lassen und in Ringe schneiden. In kochendem Wasser 2–3 Minuten blanchieren und in einem Sieb abtropfen lassen. Zwiebeln und Knoblauch abziehen und in kleine Würfel schneiden. Speiseöl in einer Pfanne erhitzen und Zwiebel- und Knoblauchwürfel darin glasig dünsten.

3. Gehacktes hinzugeben und unter Rühren darin anbraten, dabei die Fleischklümpchen mit einer Gabel zerdrücken. Mit Salz, Pfeffer und Cayennepfeffer würzen. Saure Sahne mit Petersilie verrühren und mit Salz und Pfeffer würzen.

4. Die Hälfte der Kartoffelscheiben und die Hälfte der Porreeringe in eine flache Auflauf- oder Gratinform geben und mit Salz bestreuen. Die Hälfte der Petersiliensahne darüber gießen. Gehacktesmasse darauf verteilen. Die restlichen Kartoffelscheiben und Porreeringe darauf geben und mit Salz bestreuen. Restliche Petersiliensahne darüber gießen, Käse darauf verteilen und Butter in Flöckchen darauf setzen. Die Form auf dem Rost in den vorgeheizten Backofen schieben.

Ober-/Unterhitze: etwa 200 °C
Heißluft: etwa 180 °C
Garzeit: etwa 30 Minuten.

5. Den Auflauf mit Petersilienblättchen garnieren und sofort servieren.

Tipp: Anstatt mit Porree kann der Auflauf mit 500 g Spitzkohl zubereitet werden.

Der marktfrische Tipp:

Petersilie stammt aus der östlichen Mittelmeerregion. Man kennt glatte und krause Petersilie, wobei glatte Petersilie geschmacksintensiver ist. Petersilie ist reich an Provitamin A, B-Vitaminen, Vitamin C und E, Magnesium und Eisen. Sie regt die Verdauung an und wirkt bei Kreislaufstörungen. Petersilie wird für Saucen, Eierspeisen, Fisch-, Fleisch-, Geflügel- und Kartoffelgerichte und zur Garnierung verwendet.

Marktfrische Küche im Oktober

Herbst

Birnen in Rotwein

Zubereitungszeit: etwa 20 Minuten
Garzeit: etwa 60 Minuten

Pro Portion: E: 1 g, F: 1 g, Kh: 64 g, kJ: 1300, kcal: 310

6 Portionen

Zutaten:

12	kleine, saftige Birnen
500 ml (1/2 l)	Rotwein
200 g	Zucker
einige	Gewürznelken

1. Birnen waschen und trockentupfen. Mit einem spitzen Messer die Blütenansätze der Birnen entfernen, die Stängel aber nicht abschneiden.

2. Die ungeschälten Birnen nebeneinander in eine große hohe Auflaufform setzen. So viel Rotwein hinzugießen, dass die Stängelansätze bedeckt sind. Zucker und Nelken hinzufügen.

3. Die Form auf dem Rost in den vorgeheizten Backofen schieben und die Birnen weich dünsten lassen, der Rotwein soll in der Zeit sirupartig eingedickt sein.

Ober-/Unterhitze: etwa 200 °C
Heißluft: etwa 180 °C
Garzeit: etwa 60 Minuten.

4. Die Form auf einen Rost stellen und die Birnen in dem Saft erkalten lassen.

Beilage: Steif geschlagene Schlagsahne oder Vanilleeis.

Tipp: Würzen Sie den Rotweinsud zusätzlich mit 1 Stück Stangenzimt.

Der marktfrische Tipp:

Birnen gehören zur Familie der Kernobstgewächse. Sie sind säurearm und sehr bekömmlich. Neben Vitamin C enthalten Birnen auch die Mineralstoffe Kalium, Eisen, Zink und Magnesium. 100 g enthalten 56 kcal. Kühl, trocken und nicht zu dicht gelagert halten die Birnen etwa 1 Woche.

Herbst

Grünkohleintopf

Zubereitungszeit: etwa 80 Minuten

Pro Portion: E: 26 g, F: 42 g, Kh: 23 g, kJ: 2408, kcal: 579

4 Portionen

Zutaten:

500 g	Grünkohl, gestrippt
2	Zwiebeln
4 EL	Olivenöl
60 g	Räucherschinkenwürfel
1 l	Fleischbrühe
1 EL	mittelscharfer Senf
6	Pimentkörner
	Salz
	frisch gemahlener Pfeffer
500 g	Kartoffeln
200 g	Möhren
4	Räuchermettwürstchen

1. Grünkohl gründlich waschen, in kochendem Wasser etwa 2 Minuten blanchieren, abgießen und mit kaltem Wasser abschrecken, abtropfen lassen und fein zerhacken.

2. Zwiebeln abziehen und in kleine Würfel schneiden. Öl in einem Topf erhitzen und Zwiebelwürfel darin anschwitzen, Schinkenwürfel zugeben, anbraten und mit Fleischbrühe auffüllen. Grünkohl zugeben und aufkochen lassen.

3. Mit Senf, Piment, Salz und Pfeffer würzen und etwa 30 Minuten köcheln lassen. Inzwischen Kartoffeln schälen, waschen und in kleine Würfel schneiden. Möhren putzen, schälen, waschen, abtropfen lassen und in Scheiben schneiden. Kartoffelwürfel und Möhrenscheiben zum Grünkohl geben, mit Salz und Pfeffer würzen und weitere 30 Minuten köcheln.

4. Mettwürstchen in Scheiben schneiden, 5 Minuten mit erhitzen, nochmals abschmecken und servieren.

Tipp: Sie können auch TK-Grünkohl (angetaut) verwenden.

Der marktfrische Tipp:

Grünkohl, auch Braunkohl genannt, wird von Ende September bis Februar/März geerntet. Wird er erst nach dem ersten Frost geerntet, wird sein Geschmack feiner und er wird bekömmlicher. Grünkohl liefert viel Eisen, Kalium und Kalzium sowie Provitamin A und die Vitamine B_2, C, E und K. Grünkohl ist wichtig zur Stärkung der Abwehrkräfte, darum nicht lange kochen, um die Vitamine nicht vollständig zu zerstören.

Herbst

Deftiger Kohltopf

Zubereitungszeit: etwa 45 Minuten

Pro Portion: E: 16 g, F: 24 g, Kh: 14 g, kJ: 1398, kcal: 334

4 Portionen

Zutaten:

500 g	Rosenkohl
1	Spitzkohl (etwa 500 g)
oder 1/2 Kopf	Wirsing (etwa 500 g)
600 g	fest kochende Kartoffeln, z. B. Hansa
300 g	Cabanossi oder geräucherte Mettwürstchen
3 EL	Speiseöl
1 l	Gemüsebrühe
	Salz
	frisch gemahlener Pfeffer
	Kümmelsamen
1/2 Bund	glatte Petersilie

1. Rosenkohl von schlechten Blättern befreien, etwas von dem Strunk abschneiden und die Rosenkohlröschen am Strunk kreuzförmig einschneiden. Rosenkohl waschen und abtropfen lassen. Von Spitzkohl oder Wirsing die groben äußeren Blätter entfernen und jeweils den Strunk herausschneiden. Spitzkohl oder Wirsing waschen, abtropfen lassen und in Stücke schneiden.

2. Kartoffeln waschen, schälen, abspülen und in Würfel schneiden. Cabanossi oder Mettwürstchen in dünne Scheiben schneiden.

3. Speiseöl in einem Bräter erhitzen und Kartoffelwürfel, Spitzkohl- oder Wirsingstücke, Rosenkohl und Wurstscheiben portionsweise darin andünsten. Brühe hinzugießen und mit Salz, Pfeffer und Kümmel würzen. Die Zutaten zum Kochen bringen und zugedeckt bei schwacher Hitze etwa 35 Minuten garen.

4. Petersilie abspülen und trockentupfen. Die Blättchen von den Stängeln zupfen, fein hacken und unter den Kohltopf rühren. Mit Salz und Pfeffer abschmecken.

Beilage: Kleine Roggenbrötchen oder ein rustikales Bauernbrot.

Tipp: Dünsten Sie mit dem Gemüse je 2 abgezogene, gewürfelte Zwiebeln und Knoblauchzehen an.

Der marktfrische Tipp:

Kümmel ist das älteste Gewürz in Mitteleuropa. Traditionell wird Kümmel, vermahlen oder ganz, zu Sauerkraut, in Zwiebel- und Kartoffelsuppen, zu Käse, ins Brot und in Schnaps gegeben. Er hilft bei der Verdauung von fetten Speisen und regt den Appetit an, Kümmel wird gegen Blähungen und Koliken als Tee getrunken.

Herbst

Lauwarmer Linsen-Pilz-Salat

Zubereitungszeit: etwa 40 Minuten

Pro Portion: E: 12 g, F: 7 g, Kh: 16 g, kJ: 764, kcal: 183

4 Portionen

Zutaten:

500 ml (1/2 l)	Gemüsebrühe
75 g	rote Linsen
3	Frühlingszwiebeln
75 g	magerer Frühstücksspeck (Bacon), in dünnen Scheiben
5–6 EL	Balsamico-Essig
2 TL	körniger Senf
	Zucker
	Salz
	frisch gemahlener Pfeffer
1 kleiner Kopf	Salat (z. B. Frisée)
500 g	gemischte Wild- oder Kulturpilze (z. B. Pfifferlinge, Champignons, Steinpilze, Kräuterseitlinge)
2 EL	Speiseöl (z. B. Olivenöl)
1	Knoblauchzehe
1/2 Bund	frische Kräuter (z. B. Petersilie, Basilikum oder Kerbel)
1	kleiner säuerlicher Apfel (z. B. Cox Orange)

1. Brühe zum Kochen bringen, Linsen einstreuen und 8–10 Minuten bei schwacher Hitze garen.

2. In der Zwischenzeit Frühlingszwiebeln putzen, abspülen und in Ringe schneiden. Speck in einer heißen Pfanne knusprig braten und herausnehmen. Essig ins Bratfett gießen und Senf, Zucker, Salz und Pfeffer einrühren. Frühlingszwiebeln und Linsen (evtl. mit restlicher Brühe) untermischen.

3. Salat putzen, abspülen und gut abtropfen lassen. Salat in mundgerechte Stücke zupfen. Pilze putzen und mit Küchenpapier abreiben.

4. Öl in einer Pfanne erhitzen. Knoblauch abziehen, durch eine Knoblauchpresse in die Pfanne drücken und anbraten. Pilze im Knoblauchöl unter Wenden bei starker Hitze etwa 5 Minuten braten und mit Salz und Pfeffer würzen.

5. Kräuter abspülen, trockentupfen und fein hacken. Apfel waschen, nach Belieben schälen und in feine Spalten schneiden. Apfelspalten, Pilze und Kräuter unter die Linsen heben. Linsensalat mit Blattsalat und Speckscheiben anrichten.

Beilage: Brühwürstchen und Roggenbrötchen.

Tipp: Würzen Sie die Pilze zusätzlich mit 1 Esslöffel gehackten Thymianblättchen.

Der marktfrische Tipp:

Pilze – kleine Köpfe mit viel Geschmack. Immer mehr Pilze kommen heute aus Zuchtbetrieben, neben Champignons auch Shii-Take, Austernseitlinge und Braunkappen. Aber auch so exotisch klingende Sorten wie Maitake, Rötelritterling oder Rosenseitling. Allen gemein ist der hohe Eiweiß- und Mineralstoffgehalt sowie der Gehalt an Vitamin D, Vitamin B_1 und B_2. Dabei sind Pilze sehr kalorienarm. Frische Pilze haben ein festes Fleisch und sind, in luftdurchlässiger Verpackung, einige Tage im Gemüsefach des Kühlschranks haltbar.

Herbst

Fischröllchen auf Porree-Risotto

Zubereitungszeit: etwa 30 Minuten
Garzeit: etwa 35 Minuten

Pro Portion: E: 43 g, F: 32 g, Kh: 63 g, kJ: 3217, kcal: 768

4 Portionen

Zutaten:

2 Beutel (je 125 g)	8-Minuten-Reis
400 ml	heiße Gemüsebrühe
200 ml	Weißwein
3–4 dünne Stangen	Porree (Lauch)
50 g	Butter
25 g	Weizenmehl
250 g	Schlagsahne
1 TL	Senf
	Salz
	frisch gemahlener Pfeffer
1 Prise	Zucker
4	Zanderfilets (etwa 700 g)
4	Tomaten

1. Reis aus dem Beutel in eine flache Auflaufform geben und Gemüsebrühe und die Hälfte des Weißweins darüber gießen. Porree putzen, die Stangen längs halbieren, gründlich waschen, in Streifen schneiden und auf der Reismischung verteilen.

2. Butter in einem kleinen Topf zerlassen. Mehl unter Rühren so lange darin erhitzen, bis es hellgelb ist. Sahne und restlichen Weißwein hinzugießen und mit einem Schneebesen durchschlagen, dabei darauf achten, dass keine Klümpchen entstehen. Die Sauce zum Kochen bringen.

3. Die Sauce mit Senf, Salz, Pfeffer und Zucker würzen und bis auf 4 Esslöffel auf dem Porree verteilen. Die Auflaufform mit dem Deckel oder Alufolie zudecken und auf dem Rost in den vorgeheizten Backofen schieben.

Ober-/Unterhitze: etwa 200 °C
Heißluft: etwa 180 °C
Garzeit: etwa 25 Minuten.

4. In der Zwischenzeit Zanderfilets unter fließendem kalten Wasser abspülen, trockentupfen und längs halbieren, mit Salz und Pfeffer bestreuen und aufrollen.

5. Tomaten waschen, abtropfen lassen, kreuzweise einschneiden und kurz in kochendes Wasser legen, mit kaltem Wasser abschrecken. Tomaten enthäuten, Stängelansätze herausschneiden und das Fruchtfleisch würfeln, mit Salz und Pfeffer würzen.

6. Die Auflaufform nach Beendigung der Garzeit aus dem Backofen nehmen. 8 kleine Vertiefungen in den Reis drücken und die Fischröllchen hineinsetzen. Die zurückgelassene Sauce auf den Fischröllchen verteilen und Tomatenwürfel in die Zwischenräume streuen.

7. Die Form wieder auf dem Rost in den Backofen schieben und alles noch etwa 10 Minuten bei der oben angegebenen Backofeneinstellung garen.

Der marktfrische Tipp:

Porree oder Lauch hat immer Saison, je nach Erntezeit unterscheidet man Sommer-, Herbst- und Winterporree. Neben vielen Vitaminen ist er reich an Mineralstoffen wie Kalium, Kalzium und Eisen. Schwefelhaltige Öle wirken infektionshemmend und heilend. 100 g enthalten nur 25 kcal. Porree hält sich im Kühlschrank bis zu 2 Wochen frisch.

Herbst

Wirsingrouladen

Zubereitungszeit: etwa 90 Minuten

Pro Portion: E: 25 g, F: 25 g, Kh: 13 g, kJ: 1570, kcal: 375

4 Portionen

Zutaten:

	Wasser
	Salz
1 Kopf	Wirsing (etwa 1 1/2 kg)

Für die Füllung:

1	Brötchen (Semmel) vom Vortag
1	Zwiebel
1	Ei (Größe M)
etwa 1 TL	mittelscharfer Senf
375 g	Rindergehacktes
	Salz
	frisch gemahlener Pfeffer
4 EL	Speiseöl, z. B. Sonnenblumenöl
etwa 375 ml (3/8 l)	Gemüsebrühe
20 g	Weizenmehl
2 EL	kaltes Wasser

Außerdem:

Küchengarn oder Rouladennadeln

1. In einem großen Topf reichlich Wasser zum Kochen bringen. Salz hinzufügen (auf 1 l Wasser 1 TL Salz). Inzwischen von dem Wirsing die äußeren welken Blätter entfernen, den Kohl abspülen und den Strunk unten keilförmig herausschneiden. Kohl so lange in das kochende Salzwasser legen, bis sich die äußeren Blätter lösen. Diesen Vorgang wiederholen, bis etwa 12 große Blätter sich lösen lassen und etwas weich sind. Die Blätter abtropfen lassen, mit Küchenpapier trockentupfen und die dicken Blattrippen flach schneiden.

2. Für die Füllung Brötchen in kaltem Wasser einweichen. Zwiebel abziehen und würfeln. Brötchen gut ausdrücken und mit Zwiebelwürfeln, Ei, Senf und Gehacktem vermengen. Die Masse mit Salz und Pfeffer würzen.

3. Jeweils 2–3 große Kohlblätter übereinander legen, einen Teil der Füllung darauf geben, die Blätter seitlich einschlagen und aufrollen. Die Rouladen mit Küchengarn umwickeln oder mit Rouladennadeln fest stecken.

4. Öl in einem Topf erhitzen und die Rouladen darin von allen Seiten braun anbraten. Gut die Hälfte der Gemüsebrühe hinzugießen und die Rouladen bei schwacher Hitze etwa 45 Minuten mit Deckel schmoren, dabei gelegentlich wenden und evtl. Brühe zugeben.

5. Wenn die Rouladen gar sind, Küchengarn oder Rouladennadeln entfernen und die Rouladen auf einer vorgewärmten Platte anrichten.

6. Mehl mit Wasser anrühren. Die Garflüssigkeit aufkochen lassen, das angerührte Mehl mit einem Schneebesen unterrühren, nochmals aufkochen und etwa 5 Minuten schwach kochen lassen. Die Sauce mit Salz und Pfeffer abschmecken und zu den Rouladen servieren.

Beilage: Salzkartoffeln, Kartoffelpüree, Semmelknödel oder Kartoffelklöße.

Tipp: Die Sauce kann auch mit Saucenbinder gebunden werden.

Variante 1: Die Füllung zusätzlich mit 1–2 Teelöffeln Curry würzen und die Sauce mit etwas Curry und Cayennepfeffer scharf abschmecken.

Variante 2: Anstatt des eingeweichten Brötchens 50 g gegarten Reis mit dem Gehackten vermengen.

Herbst

Entenkeulen mit Preiselbeeren

Zubereitungszeit: etwa 120 Minuten

Pro Portion: E: 47 g, F: 35 g, Kh: 13 g, kJ: 2295, kcal: 546

4 Portionen

Zutaten:

4	Entenkeulen (je etwa 320 g)
	Salz
	frisch gemahlener Pfeffer
300 ml	Hühnerbrühe
1	rote Chilischote
3	Nelken
1 TL	Zucker
200 g	Preiselbeeren oder Cranberrys
1 Bund	Frühlingszwiebeln
2 TL	Speisestärke

1. Die Entenkeulen unter fließendem kalten Wasser abspülen, etwas Fett abschneiden und mit Salz und Pfeffer würzen. Entenkeulen mit der Hautseite nach unten in einen Bräter legen und auf dem Rost im unteren Drittel in den vorgeheizten Backofen schieben.

Ober-/Unterhitze: etwa 180 °C
Heißluft: etwa 160 °C
Garzeit: etwa 120 Minuten.

2. Nach 60 Minuten die Entenkeulen drehen, die Hühnerbrühe zugießen, mit Chilischote, Nelken und Zucker würzen und weiter braten.

3. Preiselbeeren waschen, abtropfen lassen und schlechte aussortieren. Frühlingszwiebeln putzen, waschen und in etwa 3 cm große Stücke schneiden.

4. Speisestärke mit kaltem Wasser glatt verrühren, die Sauce damit etwa 15 Minuten vor dem Ende der Garzeit binden, Frühlingszwiebeln und Preiselbeeren zugeben und fertig garen.

Beilage: Zu den Entenkeulen Kartoffelklöße, Spätzle oder Kartoffelbrei und Rot- oder Rosenkohl servieren.

Tipp: Würzen Sie die Entenkeulen zusätzlich mit gehacktem Thymian.

Der marktfrische Tipp:

Preiselbeeren oder Cranberrys werden wegen ihres herbsauren Geschmacks selten roh gegessen, sondern eher als Kompott zubereitet. Neben Vitamin C findet man die Vitamine B_1, B_2, B_3 und Betacarotin. An Mineralstoffen liefern Preiselbeeren Kalium, Magnesium und Kalzium. Dabei enthalten 100 g Preiselbeeren lediglich 35 kcal. Bei fertigen Kompotts sollte man ungezuckerte Produkte bevorzugen.

Herbst

Rinderfilet mit Zwiebel-Apfelgemüse

Zubereitungszeit: etwa 30 Minuten

Pro Portion: E: 33 g, F: 28 g, Kh: 20 g, kJ: 1933, kcal: 462

4 Portionen

Zutaten:

4	Rinderfilets (je etwa 150 g)
	Salz
	frisch gemahlener Pfeffer
400 g	Zwiebeln
6 EL	Olivenöl
500 g	Äpfel
30 g	Butter
1 TL	fein geschnittener Beifuß
1 EL	Zucker
3 Zweige	glatte Petersilie

1. Den Backofen bei Ober-/Unterhitze auf 80 °C vorheizen. Einen feuerfesten Teller oder eine Auflaufform mit niedrigem Rand auf dem Rost (mittlere Schiene) miterwärmen.

2. Rinderfilet unter fließendem kalten Wasser abspülen, trockentupfen und mit Salz und Pfeffer würzen.

3. Zwiebeln abziehen, halbieren und in dünne Scheiben schneiden. In einer Pfanne das Öl erhitzen und die Rinderfilets darin von jeder Seite etwa 3 Minuten braten.

4. Rinderfilets aus der Pfanne nehmen, auf dem vorgewärmten Teller oder in der Auflaufform auf dem Rost in den Backofen schieben und etwa 20 Minuten garen.

5. Die Zwiebeln im Bratfett braun rösten. Äpfel schälen, vierteln, entkernen und in etwa 2 cm große Würfel schneiden, zu den Zwiebeln geben und etwa 8 Minuten braten.

6. Butter unterheben und mit Beifuß, Zucker, Salz und Pfeffer würzen. Petersilie kalt abspülen, trockentupfen, die Blättchen von den Stängeln zupfen, fein schneiden und die Rinderfilets damit bestreuen. Das Zwiebel-Apfelgemüse dazu servieren.

Beilage: Dazu Kartoffelbrei oder Röstkartoffeln reichen.

Der marktfrische Tipp:

Beifuß wird als Gewürzpflanze zu Fleischgerichten benutzt. Er ist ein typisches Gericht für die Weihnachtsgans. Man verwendet die Blätter, die man am besten kurz vor der Blüte erntet. Seine Bitterstoffe fördern die Bildung von Magensaft und Galle und unterstützen so die Verdauung. Beifuß ist bitter und sollte daher sparsam dosiert werden.

Herbst

Gratiniertes Gemüse im Kartoffelpüreekranz

Zubereitungszeit: etwa 60 Minuten
Backzeit: etwa 12 Minuten

Pro Portion: E: 26 g, F: 34 g, Kh: 30 g, kJ: 2262, kcal: 541

4 Portionen

Zutaten:

750 g	Rosenkohl
300 g	Möhren
700 g	Kartoffeln
1	Zwiebel
50 g	Butter
250 ml (1/4 l)	Gemüsebrühe
	Salz
	geriebene Muskatnuss
150 g	grobe Mettwurst im Stück (z. B. Bauernmettwurst)
etwa 175 ml	heiße Milch
150 g	Gouda

1. Rosenkohl von den schlechten äußeren Blättchen befreien, etwas vom Strunk abschneiden und Röschen am Strunk kreuzförmig einschneiden, waschen und abtropfen lassen. Möhren putzen, schälen, waschen und in schräge Scheiben schneiden. Kartoffeln schälen, abspülen und in Stücke schneiden, knapp mit Wasser bedecken, 1 Teelöffel Salz darüber streuen und zugedeckt in etwa 15 Minuten gar kochen.

2. Zwiebel abziehen, würfeln und in 30 g von der Butter glasig dünsten. Rosenkohl und Gemüsebrühe hinzugeben und zugedeckt etwa 10 Minuten garen lassen. Möhrenscheiben dazugeben und noch etwa 5 Minuten mitgaren lassen. Gemüse mit Salz und Muskat würzen.

3. Mettwurst enthäuten und erst in etwa 1/2 cm dicke Scheiben, dann in Streifen schneiden und unter das Gemüse mischen.

4. Kartoffeln abgießen, sofort durch die Kartoffelpresse geben oder mit dem Kartoffelstampfer zerdrücken und Milch mit einem Kochlöffel nach Bedarf unterrühren. Restliche Butter unterrühren und das Püree mit Salz, Pfeffer und Muskat würzen. Püree in einen Spritzbeutel mit großer Sterntülle füllen und als Kranz in eine leicht gefettete, flache Auflaufform spritzen.

5. Käse würfeln und mit dem Gemüse mischen, in die Mitte des Kartoffelpüreekranzes füllen und die Form auf dem Rost in den vorgeheizten Backofen schieben.

Ober-/Unterhitze: etwa 220 °C
Heißluft: etwa 200 °C
Backzeit: etwa 12 Minuten.

Tipp: Dieses herzhafte Gericht schmeckt auch ohne Wurst sehr lecker. Je nach Saison können Sie beim Gemüse variieren. Verwenden Sie statt Rosenkohl und Möhren auch einmal Brokkoli, Porree, Blumenkohl, Bohnen, Kohlrabi oder Paprika und mischen Sie ganz nach Geschmack.

Der marktfrische Tipp:

Gouda wurde nach der niederländischen Stadt Gouda benannt, in deren Umland er hergestellt wird. Er hat eine gelbe Farbe und wird in unterschiedlichen Reifegraden angeboten. Junger Gouda, der 4–8 Wochen gereift ist, schmeckt sahnig und mild-süßlich bis säuerlich. Mittelalter Gouda mit einer Reifezeit von 2–6 Monaten schmeckt herzhafter und alter Gouda, der mehr als 6 Monate gereift ist, hat einen pikant-nussigen Geschmack. 100 g Gouda liefern 300 kcal, Kalzium, Vitamin A und B-Vitamine.

Herbst

Apple-Crumble mit Vanille-Sahnesauce

Zubereitungszeit: etwa 45 Minuten
Backzeit: etwa 45 Minuten

Pro Portion: E: 10 g, F: 39 g, Kh: 100 g, kJ: 3406, kcal: 815

4 Portionen

Zutaten:

1 kg	Äpfel (z. B. Elstar oder Golden Delicious)
	Saft von
1	Zitrone
2 Pck.	Dr. Oetker Bourbon Vanille-Zucker
1/2–1 EL	Zucker
1/2 TL	gemahlener Zimt
60 g	Rosinen

Für den Streuselteig:

150 g	Weizenmehl
60 g	Zucker
1 Pck.	Dr. Oetker Vanillin-Zucker
1/2 TL	gemahlener Zimt
100 g	weiche Butter
30 g	gehobelte Mandeln

Für die Vanille-Sahnesauce:

500 ml (1/2 l)	Milch
1 Pck.	Saucenpulver Vanille-Geschmack zum Kochen
25 g	Zucker
100 g	Schlagsahne

1. Äpfel schälen, halbieren, entkernen, achteln und quer in dünne Scheiben schneiden. Apfelscheiben mit Zitronensaft, Vanille-Zucker, Zucker, Zimt und Rosinen mischen und in eine gefettete flache Auflaufform geben.

2. Für den Streuselteig Mehl in eine Rührschüssel sieben, Zucker, Vanillin-Zucker, Zimt und Butter zugeben und mit Handrührgerät mit Rührbesen zu Streuseln verarbeiten. Streusel gleichmäßig auf die Apfel streuen, Mandeln darüber verteilen.

3. Die Auflaufform auf dem Rost in den vorgeheizten Backofen schieben.

Ober-/Unterhitze: etwa 200 °C
Heißluft: etwa 180 °C
Backzeit: etwa 45 Minuten.

4. Für die Vanille-Sahnesauce 3 Esslöffel von der Milch abnehmen und mit Saucenpulver und Zucker verrühren. Restliche Milch zum Kochen bringen, angerührtes Saucenpulver mit einem Schneebesen in die kochende Milch rühren, einmal aufkochen lassen und im kalten Wasserbad unter gelegentlichem Umrühren erkalten lassen. Sahne steif schlagen und unterheben.

5. Apple-Crumble warm oder kalt mit der Sauce servieren.

Tipp: Apple-Crumble mit geschlagener Crème fraîche servieren.

Der marktfrische Tipp:

Äpfel mit über 20 Mineralstoffen leisten als „Miniapotheke" einen großen Beitrag für Fitness und gesunde Ernährung, und das bei nur 52 kcal pro 100 g Apfel. Der hohe Ballaststoffanteil ist gut für den Darm. Am besten Bio-Ware mit Schale verzehren. Äpfel kühl, dunkel und trocken lagern.

Herbst

Glühweinduft weht über den Markt. In dieser Jahreszeit haben Knollen, Wurzeln und Rüben Hochsaison. Die frische Winterküche ist jetzt rundum gesund. Und auch der Kohl kann sich etwas besonderes auf die Blätter schreiben: er ist jetzt regional, saisonal und echt preiswert. Keine Angst vor Winterspeck: sein Reichtum besteht höchstens aus Folsäure, Kalzium, Kalium, Vitamin E und Eisen.

Winter

Möhrensuppe mit Ingwer

Zubereitungszeit: etwa 60 Minuten

Pro Portion: E: 16 g, F: 35 g, Kh: 11 g, kJ: 1797, kcal: 431

6 Portionen

Zutaten:

1 kg	Möhren
1	Zwiebel
60 g	frischer Ingwer
60 g	Butter oder Margarine
1 EL	Currypulver
1 l	Gemüsebrühe
	Salz
	frisch gemahlener Pfeffer
1 Dose (400 ml)	Kokosmilch
300 g	gekochter Schinken
200 g	Schlagsahne
30 g	abgezogene, gehobelte Mandeln
einige	Minzeblättchen

1. Möhren putzen, schälen und waschen. Zwiebel abziehen. Beide Zutaten in Würfel schneiden. Ingwer schälen und ganz fein würfeln.

2. Butter oder Margarine in einem großen Topf zerlassen und Möhren-, Zwiebel- und Ingwerwürfel darin andünsten. Currypulver darüber stäuben und gut verrühren. Gemüsebrühe hinzugießen, alles zum Kochen bringen und etwa 20 Minuten kochen lassen.

3. Die Suppe fein pürieren und mit Salz und Pfeffer würzen. Kokosmilch hinzufügen, alles unter Rühren wieder zum Kochen bringen und unter gelegentlichem Umrühren etwa 10 Minuten kochen lassen.

4. In der Zwischenzeit den Schinken in Würfel schneiden. Sahne halb steif schlagen. Schinkenwürfel in die Suppe geben und darin erhitzen.

5. Die Suppe mit Sahne, Mandelblättchen und Minzeblättchen garniert servieren.

Tipp: Nach Belieben die Mandeln in einer Pfanne ohne Fett bräunen.

Der marktfrische Tipp:

Die Mandel stammt ursprünglich aus Ostasien und wird seit über 4000 Jahren kultiviert. Hauptanbaugebiete für Mandeln sind Kalifornien, Australien und am Mittelmeer. Man unterscheidet süße und bittere Sorten. Bittere Mandeln sind zum Rohgenuss nicht geeignet. Süße Mandeln können roh verzehrt und zum Backen verwendet werden. Sie enthalten Vitamin B und E sowie Kalium, Kalzium und Magnesium. Sie sind sehr fettreich (54 g Fett pro 100 g), aber das Fett enthält viele ungesättigte Fettsäuren.

Winter

Chinakohleintopf

Zubereitungszeit: etwa 45 Minuten

Pro Portion: E: 29 g, F: 39 g, Kh: 19 g, kJ: 2425, kcal: 579

4 Portionen

Zutaten:

750 g	Chinakohl
2–3	Zwiebeln
250 g	Tomaten
375 g	Kartoffeln
40 g	Butter oder Margarine
500 g	Gehacktes (halb Rind-, halb Schweinefleisch)
	Salz
	frisch gemahlener Pfeffer
500 ml (1/2 l)	Gemüsebrühe
2 EL	Tomatenmark
2 EL	Schnittlauchröllchen

1. Chinakohl putzen, den Kopf halbieren und den Strunk herausschneiden, den Kohl vierteln, in schmale Streifen schneiden, waschen und abtropfen lassen. Zwiebeln abziehen und fein würfeln.

2. Tomaten waschen, abtropfen lassen und kreuzweise einschneiden, kurz in kochendes Wasser legen und in kaltem Wasser abschrecken. Tomaten enthäuten, die Stängelansätze entfernen, Tomaten entkernen und in Stücke schneiden. Kartoffeln waschen, schälen, abspülen und in Würfel schneiden.

3. Butter oder Margarine in einem Topf zerlassen und die Zwiebelwürfel darin goldgelb dünsten. Gehacktes hinzufügen und anbraten, dabei die Fleischklümpchen mit einer Gabel etwas zerdrücken. Mit Salz und Pfeffer würzen.

4. Kartoffelwürfel und Gemüsebrühe dazugeben und alles etwa 10 Minuten schmoren lassen. Dann die Chinakohlstreifen hinzufügen und alles weitere 15–20 Minuten garen.

5. Tomatenstücke und -mark unterrühren, den Eintopf nochmals erhitzen und mit den Gewürzen abschmecken. Den Eintopf vor dem Servieren mit Schnittlauchröllchen bestreuen.

Beilage: Roggenbaguette.

Tipp: Anstelle von gemischtem Hackfleisch können Sie auch Thüringer Mett (gewürztes Schweinegehacktes) verwenden. Dann etwas weniger salzen und pfeffern.

Der marktfrische Tipp:

Chinakohl enthält wertvolle Vitamine wie Folsäure, Vitamin B_6, C und Mineralstoffe wie Kalium. Er ist sehr kalorienarm (12 kcal pro 100 g geputztem Kohl) und vielseitig einsetzbar. Sowohl als Salat oder Rohkost als auch gedünstet als Gemüse. Beim Einkauf sollten Sie darauf achten, dass die Köpfe fest sind und keine welken Stellen an den Blattspitzen aufweisen. Im Gemüsefach des Kühlschranks bleibt Chinakohl 1 Woche frisch.

Winter

Rotes Zwiebelgemüse mit Entenbrust

Zubereitungszeit: etwa 50 Minuten

Pro Portion: E: 32 g, F: 19 g, Kh: 29 g, kJ: 1915, kcal: 459

4 Portionen

Zutaten:

Für das Zwiebelgemüse:

1 kg	rote Zwiebeln
4 EL	Rapsöl
2 EL	Puderzucker
250 ml (¼ l)	Rotwein
2 EL	Johannisbeergelee
	Salz
	frisch gemahlener Pfeffer
1 TL	getrockneter Thymian

Für die Entenbrust:

2	Entenbrustfilets (je 300 g)
	Salz, Pfeffer
2 TL	Honig
15 g	Butter
3–4 EL	Orangenlikör

1. Zwiebeln abziehen und je nach Größe vierteln oder sechsteln. Das Öl in einem Bräter erhitzen und die Zwiebeln unter häufigem Wenden etwa 10 Minuten darin anbraten.

2. In der Zwischenzeit die Entenbrustfilets unter fließendem kalten Wasser abspülen, trockentupfen und mit Salz und Pfeffer bestreuen.

3. Eine Pfanne ohne Fett erhitzen. Die Filets mit der Fettseite nach unten hineinlegen und etwa 6 Minuten braten. Die Filets dann wenden und von der anderen Seite ebenfalls etwa 6 Minuten braten.

4. Die Zwiebeln mit Puderzucker bestreuen, kurz karamellisieren lassen und mit Rotwein ablöschen. Johannisbeergelee zugeben, aufkochen lassen und etwa 20 Minuten leise köcheln lassen.

5. Kurz vor Beendigung der Bratzeit die Haut der Entenbrustfilets mit Hilfe eines Backpinsels mit Honig bestreichen und Butter dazugeben. Die Entenbrüste mit Orangenlikör übergießen, aus dem Bratensatz nehmen und warm gestellt etwa 10 Minuten ruhen lassen.

6. Die Zwiebeln mit Salz, Pfeffer und Thymian würzen. Die Entenbrustfilets in Scheiben schneiden und mit dem Zwiebelgemüse servieren.

Beilage: Dazu Kartoffelklöße oder Herzoginkartoffeln servieren.

Der marktfrische Tipp:

Es gibt eine ganze Reihe von Zwiebelspezialitäten: die großen Gemüsezwiebeln, die zum Füllen gut geeignet sind, rote Zwiebeln sorgen im Salat für Farbtupfer und schmecken süßlich-würzig, weiße Zwiebeln haben ein besonders feines Aroma und Schalotten sind der Liebling der Feinschmecker. Allen gemein ist der Gehalt an schwefelhaltigen, ätherischen Ölen, die für die Tränen verantwortliche sind, die Zwiebeln aber auch so gesund machen. Außerdem sind Zwiebeln reich an Kalium, Zink, Selen und Betacarotin.

Winter

Kalbstafelspitz mit Schmorkohl

Zubereitungszeit: etwa 40 Minuten
Garzeit: 1 1/2–1 3/4 Stunden

Pro Portion: E: 48 g, F: 12 g, Kh: 29 g, kJ: 1821, kcal: 435

4 Portionen

Zutaten:

750 g	Tafelspitz vom Kalb
	Salz
	frisch gemahlener Pfeffer
2 EL	Olivenöl
1 Bund	Suppengrün
1	Zwiebel
1	Tomate
125 ml (1/8 l)	Wasser
700 g	kleine Kartoffeln
250 g	Rosenkohl
600 g	Wirsingkohl
1	Zwiebel
1 EL	Speiseöl
150 ml	Gemüsebrühe
2 EL	Schnittlauchröllchen

1. Fleisch unter fließendem kalten Wasser abspülen, trockentupfen und mit Salz und Pfeffer würzen. Öl in einem Bräter erhitzen und das Fleisch darin von allen Seiten gut anbraten.

2. Suppengrün putzen, waschen, in Stücke schneiden. Zwiebel abziehen, vierteln, Tomate waschen, Stängelansatz herausschneiden, vierteln. Suppengrün, Zwiebel und Tomatenviertel zum Fleisch geben, andünsten, das Wasser zugeben. Das Fleisch im geschlossenen Topf etwa 1 1/2–1 3/4 Stunden schmoren lassen, das Fleisch ab und zu wenden, verdampfte Flüssigkeit evtl. durch Wasser ersetzen.

3. Etwa 1 Stunde vor dem Ende der Garzeit Kartoffeln schälen, abspülen und mit Salzwasser bedeckt in einem Topf zum Kochen bringen. Kartoffeln etwa 8 Minuten kochen, anschließend abgießen.

4. Rosenkohl putzen, waschen und abtropfen lassen. Wasser mit Salz in einem Topf zum Kochen bringen und den Rosenkohl darin etwa 10 Minuten kochen lassen. Rosenkohl in ein Sieb geben und abtropfen lassen.

5. Vom Wirsing die äußeren welken Blätter entfernen, den Wirsing evtl. vierteln und den Strunk herausschneiden. Den Wirsing abspülen, abtropfen lassen und in Streifen schneiden. Zwiebel abziehen, halbieren und fein würfeln.

6. Speiseöl in einer Pfanne erhitzen und Zwiebelwürfel darin andünsten. Wirsingstreifen hinzufügen und unter Rühren ebenfalls kurz andünsten. Brühe hinzufügen und den Kohl zugedeckt etwa 10 Minuten schmoren lassen.

7. Rosenkohl und Kartoffeln mit in die Pfanne geben und alles zugedeckt etwa 10 Minuten garen, mit Salz und Pfeffer würzen. Kalbstafelspitz etwa 10 Minuten abgedeckt ruhen lassen. Bratensatz mit dem Gemüse durch ein Sieb streichen, evtl. mit Wasser auffüllen, mit Salz und Pfeffer würzen. Das Fleisch in Scheiben schneiden und mit Schmorkohl und mit Schnittlauch bestreut servieren.

Tipp: Sie können dieses Rezept auch mit 750 g Schweinekotelett am Stück (ohne Knochen) zubereiten.

Der marktfrische Tipp:

Schnittlauch ist eine Gewürzpflanze aus der Familie der Zwiebelgewächse. Vom Schnittlauch werden, anders als bei anderen Zwiebelgewächsen, nur die oberirdischen Pflanzenteile geerntet, wobei auch die Blüte essbar ist. Nach der Ernte treiben die Blätter das ganze Jahr wieder aus. Der Geschmack ist zwiebelartig, aber feiner als bei Zwiebel oder Lauch. Er wird frisch, getrocknet und gefroren angeboten und als Beilage zu Salaten, Eierspeisen, Suppen oder Quark verwendet. Schnittlauch enthält viel Vitamin A, B und C.

Winter

Wildschwein-Geschnetzeltes mit Waldpilzen

Zubereitungszeit: etwa 20 Minuten **Pro Portion:** E: 47 g, F: 25 g, Kh: 12 g, kJ: 2091, kcal: 499 **4 Portionen**

Zutaten:

300 g	frische gemischte Pilze
800 g	Fleisch von der Wildschweinkeule
2	Zwiebeln
1 kleines Bund	Suppengemüse (Porree, Möhren, Sellerieknolle)
5–6	Wacholderbeeren
2 EL	Butterschmalz
1 EL	Weizenmehl
1 EL	Tomatenmark
	Salz
	frisch gemahlener Pfeffer
350 ml	Gemüse- oder Fleischbrühe
250 ml (1/4 l)	trockener Rotwein
100 g	Schlagsahne

1. Pilze putzen und mit Küchenpapier abreiben, evtl. abspülen und trockentupfen. Fleisch unter fließendem kalten Wasser abspülen, trockentupfen und in Streifen schneiden.

2. Zwiebeln abziehen und in schmale Spalten schneiden. Suppengemüse putzen, waschen und klein schneiden. Wacholderbeeren grob zerdrücken.

3. Butterschmalz in einem Schmortopf erhitzen und Fleisch darin portionsweise kräftig anbraten, wieder in den Topf geben, Mehl darüber streuen und kurz andünsten. Tomatenmark, Zwiebeln und Suppengemüse dazugeben und mit anbraten.

4. Wacholderbeeren dazugeben und alles mit Salz und Pfeffer würzen. Brühe und Wein dazugießen und aufkochen lassen. Alles zugedeckt bei schwacher Hitze insgesamt etwa 40 Minuten schmoren.

5. Nach etwa 30 Minuten Schmorzeit die Pilze dazugeben und fertig garen. Geschnetzeltes mit Sahne verfeinern und nochmals mit Salz und Pfeffer abschmecken.

Beilage: Servieren Sie dazu Rosenkohl und Spätzle.

Tipp: Bestellen Sie das Fleisch am besten bei Ihrem Metzger vor. Ideal für dieses Gericht ist zartes Fleisch von jungen Wildschweinen oder Frischlingskeule. Fleisch von älteren Tieren ist kräftiger im Geschmack. Um den intensiven Wildgeschmack zu mildern, das Fleisch über Nacht in Buttermilch einlegen.

Der marktfrische Tipp:

Wacholderbeeren sind die Früchte des Wacholderbaums. Sie können von April bis Juli gesammelt werden. Die Beeren werden für Wildgerichte, Sauerbraten und Sauerkraut und für Wacholderschnaps wie Gin verwendet. Es wird empfohlen, nicht mehr als 3 Beeren pro Portion zu verwenden. Wacholder wirkt verdauungsfördernd und appetitanregend.

Winter

Gans mit Rotkohl

Zubereitungszeit: etwa 40 Minuten
Bratzeit: etwa 3 Stunden

Pro Portion: E: 64 g, F: 73 g, Kh: 37 g, kJ: 4448, kcal: 1055

6 Portionen

Zutaten:

1	küchenfertige Gans (etwa 3 kg)
	Salz
	frisch gemahlener Pfeffer
	gerebelter Majoran

Für die Füllung:

4	Zwiebeln
1 EL	Butterschmalz oder Margarine
400 g	säuerliche Äpfel
100 g	Rosinen

Für den Rotkohl:

1 kg	Rotkohl
375 g	saure Äpfel, z. B. Cox Orange oder Boskop
2	Zwiebeln
50 g	Schweineschmalz oder 5 EL Speiseöl
1	Lorbeerblatt
3	Gewürznelken
3	Wacholderbeeren
5	Pimentkörner
	Salz, Pfeffer
	Zucker
2 EL	Rotweinessig
3 EL	Johannisbeergelee
125 ml (1/8 l)	Wasser
50 ml	Wasser
1/2 TL	Salz

Für die Sauce:

	Wasser
2 EL	Weizenmehl
4 EL	kaltes Wasser
1 Prise	Zucker
etwas	Weißwein

1. Gans abspülen, trockentupfen, das Fett aus dem Bauchraum entfernen und innen und außen mit Salz, Pfeffer und Majoran würzen.

2. Für die Füllung Zwiebeln abziehen und achteln. Butterschmalz oder Margarine zerlassen und Zwiebeln bei mittlerer Hitze von allen Seiten darin anbraten. Äpfel schälen, vierteln, entkernen und in Achtel schneiden. Rosinen mit den Zwiebel- und Apfelstücken vermengen. Die Füllung in die Gans geben und Öffnung zunähen oder mit einem Holzstäbchen verschließen, mit der Brust nach unten in eine angefeuchtete Fettfangschale geben und in den vorgeheizten Backofen schieben.

Ober-/Unterhitze: etwa 200 °C
Heißluft: etwa 180 °C
Bratzeit: etwa 3 Stunden.

3. Während des Bratens ab und zu unterhalb der Flügel und Keulen einstechen, damit das Fett ausbraten kann. Das Fett gelegentlich abschöpfen. Sobald der Bratensatz bräunt, etwas Wasser hinzugießen. Die verdampfte Flüssigkeit nach und nach durch Wasser ersetzen und die Gans ab und zu mit dem Bratensatz beschöpfen. Nach der Hälfte der Garzeit die Gans wenden.

4. Von dem Rotkohl die äußeren welken Blätter entfernen, den Kohl vierteln, abspülen und abtropfen lassen, den Strunk herausschneiden und den Kohl sehr fein schneiden oder hobeln. Äpfel schälen, vierteln, entkernen und klein schneiden. Zwiebeln abziehen und würfeln.

5. Schmalz oder Öl in einem Topf erhitzen und die Zwiebelwürfel darin unter Rühren andünsten. Rotkohlstreifen und Apfelstücke dazugeben und andünsten. Gewürze, Essig, Gelee und Wasser hinzufügen. Den Rotkohl bei schwacher Hitze in 45–60 Minuten mit Deckel gar dünsten, dabei gelegentlich umrühren. Den Rotkohl mit Salz, Pfeffer, Zucker und Essig abschmecken.

6. Etwa 10 Minuten vor Ende der Bratzeit die Gans mit Salzwasser bestreichen und die Temperatur um 20 °C erhöhen, damit die Haut kross wird. Fertige Gans in Portionsstücke teilen (tranchieren) und mit der Füllung warm stellen.

7. Für die Sauce Bratensatz mit Wasser lösen und durch ein Sieb in einen Topf geben (Fett abschöpfen). Sauce evtl. mit etwas Wasser auffüllen und zum Kochen bringen. Mehl und Wasser anrühren, in der Flüssigkeit zum Kochen bringen und etwa 2 Minuten köcheln lassen. Sauce mit Salz, Pfeffer, Majoran, Zucker und Wein abschmecken und zum Fleisch reichen.

Beilage: Gedünstete Apfelscheiben und Kartoffelklöße.

Marktfrische Küche im **Dezember**

Winter

Kabeljaufilet Müllerin

Zubereitungszeit: etwa 50 Minuten
Garzeit: etwa 15 Minuten

Pro Portion: E: 28 g, F: 19 g, Kh: 5 g, kJ: 1352, kcal: 323

4 Portionen

Zutaten:

2 Stangen	Porree (Lauch, etwa 400 g)
6	Tomaten (etwa 500 g)
4 EL	Speiseöl
	Salz
	frisch gemahlener Pfeffer
4	Kabeljaufilets (je 150 g)
	Weizenmehl
40 g	Butter oder Margarine
1	Zitrone
1/2 Bund	Petersilie

1. Porree putzen, die Stangen längs halbieren, gründlich waschen und in Streifen schneiden.

2. Tomaten kreuzweise einschneiden und kurz in kochendes Wasser legen. In kaltem Wasser abschrecken. Tomaten enthäuten, Stängelansätze herausschneiden und Fruchtfleisch würfeln.

3. Zwei Esslöffel Öl erhitzen und das Gemüse darin andünsten, mit Salz und Pfeffer würzen und anschließend in eine feuerfeste Form geben.

4. Fischfilets unter fließendem kalten Wasser abspülen, trockentupfen, mit Salz und Pfeffer würzen und in Mehl wenden, im restlichen Öl mit 15 g Butter oder Margarine anbraten und auf das Gemüse legen. Die Form auf dem Rost in den vorgeheizten Backofen schieben.

Ober-/Unterhitze: etwa 200 °C
Heißluft: etwa 180 °C
Garzeit: etwa 15 Minuten.

5. Zitrone so schälen, dass auch die weiße Haut entfernt wird und Zitrone in Scheiben schneiden. Petersilie abspülen, trockentupfen, die Blättchen von den Stängeln zupfen und grob hacken.

6. Restliche Butter oder Margarine in einer Pfanne erhitzen. Den gegarten Fisch mit Zitronenscheiben belegen, Petersilie darüber streuen und mit heißer Butter oder Margarine beträufeln.

Beilage: Reis, Kartoffeln und Blattsalate.

Tipp: Anstatt Petersilie kann auch Dill zum Bestreuen der Fischfilets genommen werden.

Der marktfrische Tipp:

Zitronen stammen ursprünglich aus Indien und China, heute werden sie in Ländern rund ums Mittelmeer angebaut. Die Zitrone ist länglich-oval, mit gelber bis gelb-grüner Schale und sehr saurem Fruchtfleisch. Die Verwendung in der Küche ist vielfältig. Aus dem (gesüßten) Saft werden Speisen und Getränke hergestellt, man würzt Fisch und Fleischgerichte damit und die abgeriebene Schale von unbehandelten Früchten verwendet man zum Aromatisieren beim Backen und Kochen.

Winter

Rosenkohlauflauf mit Bratwurstklößchen

Zubereitungszeit: etwa 50 Minuten
Überbackzeit: etwa 25 Minuten

Pro Portion: E: 20 g, F: 30 g, Kh: 9 g, kJ: 1662, kcal: 398

4 Portionen

Zutaten:

750 g	Rosenkohl
125 g	kleine Zwiebeln oder Schalotten
	Salzwasser
25 g	Butter oder Margarine
1 TL	Zucker
125 ml (1/8 l)	Gemüsebrühe
	Salz
	frisch gemahlener Pfeffer
	geriebene Muskatnuss
75 g	Tomatenpaprika (aus dem Glas)
2–3	frische Kalbsbratwürste (etwa 300 g)
125 g	mittelalter Gouda

1. Rosenkohl von den schlechten äußeren Blättern befreien, etwas vom Strunk abschneiden, die Rosenkohlröschen am Strunk kreuzförmig einschneiden, waschen und abtropfen lassen. Zwiebeln oder Schalotten abziehen und je nach Größe evtl. halbieren.

2. Rosenkohl und Zwiebeln oder Schalotten in kochendes Salzwasser geben und 10–15 Minuten kochen lassen. Das Gemüse mit einem Schaumlöffel in ein Sieb geben und abtropfen lassen.

3. Butter oder Margarine in einem Topf zerlassen. Zucker hinzufügen und leicht bräunen lassen. Zwiebeln und Rosenkohl darin andünsten. Gemüsebrühe hinzugießen, mit Salz, Pfeffer und Muskat würzen, zum Kochen bringen und einmal aufkochen lassen.

4. Tomatenpaprika in einem Sieb abtropfen lassen und fein würfeln. Die Bratwurstmasse aus der Haut drücken und mit den Paprikawürfeln mischen. Aus der Masse mit 2 Teelöffeln kleine Klößchen abstechen. Die Klößchen in das kochende Rosenkohlkochwasser geben und etwa 5 Minuten garen. Die Klößchen herausnehmen und abtropfen lassen.

5. Das Gemüse mit der Brühe in eine große Auflaufform geben und mit den Bratwurstklößchen mischen. Gouda reiben und darüber streuen. Die Form auf dem Rost in den vorgeheizten Backofen schieben und den Auflauf goldbraun überbacken.

Ober-/Unterhitze: etwa 200 °C
Heißluft: etwa 180 °C
Überbackzeit: etwa 25 Minuten.

Beilage: Dazu Röstiecken oder Kartoffelpüree servieren.

Tipp: Sie können Rosenkohl und Bratwurstklößchen bereits am Vortag zubereiten, in die Form geben und zugedeckt kalt stellen. Am Verzehrtag mit Käse bestreuen und wie oben angegeben überbacken. Dann verlängert sich die Überbackzeit um 5–10 Minuten.

Der marktfrische Tipp:

Sein hoher Vitamin-C-Gehalt und wichtige Mineralstoffkombination macht den Rosenkohl zu einem wertvollen Wintergemüse und natürlichem Erkältungsschutz. Durch Frost wird der Zuckergehalt erhöht, was den Kohl schmackhafter und leichter verdaulich macht. Rosenkohl enthält viel Kalium, Vitamin C, K und Folsäure. 100 g geputzter Rosenkohl enthält 36 kcal. Er ist im Kühlschrank nur wenige Tage haltbar.

Marktfrische Küche im Dezember

Winter

Orangen-Tiramisu

Zubereitungszeit: etwa 25 Minuten, ohne Durchziehzeit

Pro Portion: E: 8 g, F: 20 g, Kh: 37 g, kJ: 1729, kcal: 413

4 Portionen

Zutaten:

150 g	Cantuccini (italienisches Mandelgebäck)
5 EL	starker Kaffee
3	Orangen
4 EL	Orangenlikör
15 g	Puderzucker
150 g	Naturjoghurt
200 g	Vanillejoghurt
200 g	Schlagsahne

Zum Bestäuben:

etwas	Kakaopulver

1. Cantuccini in eine große, flache Auflaufform legen und mit Kaffee tränken.

2. Orangen schälen und filetieren, dabei den Saft auffangen. Filets in Stücke schneiden, mit dem Saft auf den Cantuccini verteilen und mit Orangenlikör beträufeln, mit Puderzucker bestäuben und 1–2 Stunden durchziehen lassen.

3. Beide Joghurtsorten miteinander verrühren, Sahne steif schlagen und unterheben, die Joghurt-Sahne auf den Orangenfilets verteilen und das Tiramisu bis zum Servieren kalt stellen.

4. Vor dem Servieren das Tiramisu mit Kakaopulver bestäuben.

Tipp: Bestreuen Sie die Joghurt-Sahne mit 1 Pck. Dr. Oetker Finesse Orangenfrucht, bevor das Tiramisu kalt gestellt wird. Garnieren Sie die Oberfläche mit einigen Orangenzesten (Streifen).

Variante: **Beeren-Tiramisu:**
Dafür 150 g Amarettini in eine flache Auflaufform geben und mit 5 Esslöffeln starkem Kaffee tränken. 300 g verlesene, vorsichtig gewaschene Beerenfrüchte darauf verteilen, mit 4 Esslöffeln Himbeergeist beträufeln und mit 15 g Puderzucker bestäuben, bei Zimmertemperatur durchziehen lassen. 350 g Beerenjoghurt mit 200 g steif geschlagener Sahne vermengen, auf den Früchten verteilen und das Tiramisu vor dem Servieren mit Raspelschokolade bestreuen.

Rosa-Grapefruit-Sorbet

Zubereitungszeit: etwa 20 Minuten
Gefrierzeit: 4–5 Stunden

Pro Portion: E: 1 g, F: 0 g, Kh: 42 g, kJ: 768, kcal: 184

4 Portionen

Zutaten:

4	rosa Grapefruits
100 g	gesiebter Puderzucker
50 ml	Grenadine-Sirup

Zum Garnieren:

einige	Zitronenmelisseblättchen

1. Grapefruits heiß abwaschen, halbieren und auspressen. 400 ml von dem Saft abmessen. Saft mit Puderzucker und Grenadine-Sirup mit einem Schneebesen verrühren und in eine gefriergeeignete Schüssel geben.

2. Die Schüssel zudecken und das Sorbet etwa 4 Stunden tiefgefrieren, dabei das Sorbet alle 30 Minuten kräftig umrühren.

3. Vier Grapefruithälften mit einem Löffel auskratzen und kalt stellen. Zum Garnieren Melisseblättchen abspülen und trockentupfen. Das Rosa-Grapefruit-Sorbet in die Grapefruithälften füllen und mit Melisseblättchen garniert servieren.

Tipp: Wenn Sie es milder mögen, verwenden Sie 200 ml Grapefruit- und 200 ml Orangensaft. Zum Garnieren können sie auch Minzeblättchen verwenden.

Winter

Steckrübensuppe mit Salami und Blattpetersilie

Zubereitungszeit: etwa 55 Minuten

Pro Portion: E: 9 g, F: 32 g, Kh: 10 g, kJ: 1530, kcal: 367

4 Portionen

Zutaten:

400 g	Steckrübe
200 g	Möhren
1	Zwiebel
3	Schalotten
1 EL	Butter
1 l	Gemüsebrühe
1 Becher (150 g)	Crème fraîche
	Salz
	frisch gemahlener Pfeffer
100 g	Salami am Stück
2 EL	Butter
1/2 Topf	Blattpetersilie

1. Steckrübe und Möhren schälen, abspülen, abtropfen lassen und in Würfel schneiden. Zwiebel und Schalotten abziehen, halbieren und in Scheiben schneiden.

2. Butter in einem Topf zerlassen und die Zwiebelscheiben darin andünsten. Steckrübe und Möhre zugeben und 2 Minuten mit andünsten. Gemüsebrühe hinzufügen und zum Kochen bringen, in 20–25 Minuten gar kochen. Gemüse pürieren. Crème fraîche unterrühren und die Suppe mit Salz und Pfeffer abschmecken.

3. Salami in etwa 1 cm große Würfel schneiden. Butter in einer Pfanne zerlassen. Salamiwürfel und Schalottenscheiben darin anbraten. Petersilie abspülen, trockentupfen und die Blättchen von den Stängeln zupfen. Blättchen in feine Streifen schneiden.

4. Die Suppe mit Salamiwürfeln, Schalottenscheiben und Petersilie bestreut servieren.

Beilage: Zwiebelbaguette.

Der marktfrische Tipp:

Die Steckrübe ist ein Wintergemüse, das regional wieder an Bedeutung gewinnt. Die Verwendung entspricht der von Möhren. Das Fruchtfleisch ist zart, leicht süßlich und gut verdaulich. Die Steckrübe hat einen hohen Gehalt an Traubenzucker, Kalium und Betacarotin. Außerdem enthält sie die Vitamine B_1, B_2 und C. Kühl gelagert bleibt sie etwa 1 Woche frisch.

Winter

Kartoffelgulasch mit Frühlingszwiebeln (Foto)

Zubereitungszeit: etwa 35 Minuten

Pro Portion: E: 9 g, F: 12 g, Kh: 45 g, kJ: 1375, kcal: 328

4 Portionen

Zutaten:

1 kg	fest kochende Kartoffeln
2 Bund	Frühlingszwiebeln
3 EL	Olivenöl
1 EL	Paprikapulver edelsüß
2 EL	Tomatenmark
etwa 400 ml	Gemüsebrühe
1 Dose	Sauerkraut (Abtropfgewicht 350 g)
	Salz
	frisch gemahlener Pfeffer
	gemahlener Kümmel
1 Bund	glatte Petersilie
150 g	saure Sahne

1. Kartoffeln waschen, schälen, abspülen, abtropfen lassen und in größere Würfel schneiden. Frühlingszwiebeln putzen, waschen, abtropfen lassen und in etwa 2 cm lange Stücke schneiden.

2. Olivenöl in einem Bräter erhitzen, Kartoffelwürfel und Frühlingszwiebelstücke in 2 Portionen leicht darin anbraten und mit Paprika bestäuben. Tomatenmark hinzugeben und unterrühren. Brühe hinzugießen. Sauerkraut evtl. etwas klein schneiden, hinzufügen und gut verteilen. Mit Salz, Pfeffer und Kümmel würzen. Die Zutaten zum Kochen bringen und zugedeckt etwa 50 Minuten bei schwacher Hitze garen, bei Bedarf noch etwas Brühe zugeben.

3. Petersilie abspülen und trockentupfen. Die Blättchen von den Stängeln zupfen und grob hacken. Petersilie zum Kartoffelgulasch geben. Kartoffelgulasch mit saurer Sahne verfeinern, nochmals mit den Gewürzen abschmecken und sofort servieren.

Beilage: Ofenfrisches warmes Zwiebelbrot und Brühwürstchen.

Tipp: Garen Sie 1–2 Lorbeerblätter und 4–5 Wacholderbeeren mit.

Fleckerln mit Weißkraut

Zubereitungszeit: etwa 40 Minuten

Pro Portion: E: 15 g, F: 6 g, Kh: 79 g, kJ: 1812, kcal: 432

4 Portionen

Zutaten:

1 kleiner Kopf	Weißkohl (etwa 600 g)
2 EL	Butter
	Salz
	frisch gemahlener weißer Pfeffer
	geriebene Muskatnuss
5–6 EL	Wasser
4 l	Wasser
4 TL	Salz
500 g	Vollkornbandnudeln
	Majoranblättchen

1. Weißkohl putzen, vierteln und den Strunk herausschneiden. Weißkohl abspülen, gut abtropfen lassen und in breite Streifen schneiden.

2. 1 Esslöffel von der Butter in einem großen Topf zerlassen und Weißkohlstreifen unter Rühren darin andünsten. Mit Salz, Pfeffer und Muskat würzen. Wasser hinzufügen und die Zutaten zugedeckt bei mittlerer Hitze etwa 25 Minuten dünsten.

3. Inzwischen Wasser in einem großen Topf mit geschlossenem Deckel zum Kochen bringen. Salz und Bandnudeln zugeben und die Nudeln im geöffneten Topf bei mittlerer Hitze nach Packungsanleitung kochen lassen, dabei zwischendurch 4–5-mal umrühren.

4. Anschließend die Bandnudeln in ein Sieb geben, mit heißem Wasser abspülen und abtropfen lassen.

5. Restliche Butter zerlassen. Bandnudeln und Weißkohlstreifen darin schwenken und mit gewaschenen, gezupften Majoranblättchen sofort servieren.

Marktfrische Küche im Januar

Winter

Chicorée im Schinkenmantel

Zubereitungszeit: etwa 30 Minuten
Garzeit: etwa 20 Minuten

Pro Portion: E: 25 g, F: 47 g, Kh: 7 g, kJ: 2286, kcal: 547

4 Portionen

Zutaten:

4	große Chicorée
50 g	Butter
1 EL	Speiseöl, z. B. Sonnenblumenöl
4 Scheiben	gekochter Schinken
1 Becher (150 g)	Crème fraîche
150 g	Naturjoghurt (3,5 % Fett)
200 g	Schmelzkäse
	Salz
	frisch gemahlener Pfeffer
50 g	geraspelter Gratin- oder Gouda-Käse

1. Vom Chicorée die äußeren welken Blätter entfernen, Chicorée längs halbieren, waschen, abtropfen lassen und die bitteren Strünke keilförmig so herausschneiden, dass die Blätter möglichst noch zusammenhalten.

2. Butter und Öl in einer Pfanne erhitzen und die Chicoréehälften darin mit der Schnittseite nach unten bei schwacher Hitze etwa 10 Minuten dünsten.

3. Schinkenscheiben halbieren, je 1 Hälfte um eine Chicoréehälfte legen und in eine flache Auflaufform geben.

4. Crème fraîche und Joghurt in der Pfanne erhitzen, zum Kochen bringen und Schmelzkäse unter Rühren darin auflösen.

5. Die Sauce mit Salz und Pfeffer würzen und über die Chicoréehälften geben. Den geraspelten Käse darüber streuen. Die Form ohne Deckel auf dem Rost in den vorgeheizten Backofen schieben.

Ober-/Unterhitze: etwa 180 °C
Heißluft: etwa 160 °C
Garzeit: etwa 20 Minuten.

Beilage: Kleine Kartoffeln oder Reis.

Tipp: Verwenden Sie für die Sauce Kräuterschmelzkäse und rühren Sie zusätzlich 2 Esslöffel gehackte, gemischte Kräuter (Dill, Petersilie, Schnittlauch) unter die Sauce.

Der marktfrische Tipp:

Haupterntezeit für Chicorée ist November bis April. Er ist besonders kalorienarm (100 g geputzte Ware haben nur 16 kcal), und enthält viele Mineralstoffe und Spurenelemente, wie Magnesium und Kalium. Chicorée ist gerade im Winter ein wichtiger Vitaminlieferant. Seine Bitterstoffe regen die Verdauung an. Er lässt sich als Gemüse und Salat zubereiten.

Marktfrische Küche im Januar

Winter

Hähnchen-Geschnetzeltes

Zubereitungszeit: etwa 35 Minuten

Pro Portion: E: 30 g, F: 10 g, Kh: 12 g, kJ: 1063, kcal: 254

4 Portionen

Zutaten:

3	Hähnchenbrustfilets (etwa 400 g)
300 g	Champignons
400 g	Möhren
1 Stange	Porree (Lauch)
1 leicht geh. EL	Butterschmalz
	Salz
	frisch gemahlener Pfeffer
	Paprikapulver edelsüß
250 ml ($^1/_4$ l)	Gemüsebrühe
1 EL	Zitronensaft
2 EL	heller Saucenbinder
150 g	saure Sahne (10 % Fett)
$^1/_2$ Bund	Kerbel

1. Hähnchenbrustfilets unter fließendem kalten Wasser abspülen, trockentupfen und in schmale Streifen oder kleine Würfel schneiden. Champignons putzen, mit einem feuchten Küchenpapier abreiben, evtl. abspülen, abtropfen lassen, trockentupfen und vierteln.

2. Möhren schälen, putzen, waschen, abtropfen lassen und in kleine Würfel schneiden. Porree putzen, die Stange längs halbieren, gründlich waschen, abtropfen lassen und in Streifen schneiden.

3. Butterschmalz in einem Topf erhitzen. Fleischstücke unter Wenden darin anbraten und mit Salz, Pfeffer und Paprika bestreuen. Das Geschnetzelte herausnehmen und warm stellen.

4. Porree und Champignons in den Topf geben und unter Rühren andünsten. Möhrenwürfel hinzugeben und mit andünsten. Alles mit Salz, Pfeffer und Paprika würzen und Brühe und Zitronensaft hinzugießen. Das Gemüse zugedeckt bei schwacher Hitze etwa 8 Minuten garen.

5. Die Gemüsemischung mit Saucenbinder andicken. Das Geschnetzelte hinzugeben und nochmals bei schwacher Hitze erhitzen. Saure Sahne unterrühren und die Mischung nochmals mit Salz, Pfeffer und Paprika abschmecken.

6. Kerbel abspülen, trockentupfen, die Blättchen von den Stängeln zupfen und fein hacken. Das Geschnetzelte mit Kerbel bestreut servieren.

Beilage: Bandnudeln, Reis oder Rösti und gemischter Salat.

Tipp: Das Geschnetzelte schmeckt auch sehr gut mit Putenbrustfilet oder Schweinefilet.

Der marktfrische Tipp:

Kerbel ist ein Küchenkraut, das gerne in Gärten angebaut wird. Seine feinfiedrigen Blätter schmecken nach Petersilie und Anis. Er enthält Provitamin A, Vitamin C, Magnesium und Eisen. Kerbel kann man nicht trocknen, die frischen Blätter verwendet man zu Fisch, Geflügel und Gemüse, für Suppen, Eier- und Käsegerichte.

Winter

Knoblauch-Hähnchen aus dem Wok

Zubereitungszeit: etwa 30 Minuten, ohne Marinierzeit

Pro Portion: E: 24 g, F: 9 g, Kh: 4 g, kJ: 1001, kcal: 240

4 Portionen

Zutaten:

1 Bund	Frühlingszwiebeln
3	Knoblauchzehen
1 kleines Stück	frischer Ingwer
4 EL	Sojasauce
1 EL	Speiseöl, z. B. Sojaöl
1/4 TL	geschrotete Chilischote
300 g	Hähnchenbrustfilet
30 g	Cashewkerne
2	mittelgroße Möhren
1	Chinakohl (etwa 700 g)
1 EL	Speiseöl
200 g	Kirschtomaten
1–2 EL	Sojasauce
2–3 EL	Zitronensaft
	Salz
	frisch gemahlener Pfeffer
1/2 Bund	Schnittlauch

1. Frühlingszwiebeln putzen, waschen und 2 Stück davon in feine Stücke schneiden. Knoblauch abziehen, Ingwer schälen und beides sehr fein hacken. Frühlingszwiebelstücke mit Sojasauce, Knoblauch, Ingwer, Öl und Chili mischen.

2. Hähnchenbrustfilet abspülen, gut trockentupfen und in Streifen schneiden. Streifen mit der Marinade mischen und mindestens 2 Stunden durchziehen lassen.

3. Cashewkerne in einem Wok ohne Fett anrösten und herausnehmen. Restliche Frühlingszwiebeln ebenfalls in Stücke schneiden. Möhren putzen, schälen,waschen und in feine Stifte schneiden. Chinakohl putzen, abspülen und in Streifen schneiden.

4. Filetstreifen aus der Marinade nehmen und abtropfen lassen, Marinade auffangen. Öl im Wok erhitzen und Hähnchenstreifen mit den Frühlingszwiebeln darin bei starker Hitze unter Wenden etwa 1 Minute braten. Frühlingszwiebeln, Möhren und Chinakohl dazugeben und alles unter Wenden bei starker Hitze etwa 5 Minuten braten.

5. Kirschtomaten putzen, abspülen und evtl. halbieren. Marinadeflüssigkeit in den Wok geben und alles weitere 3–4 Minuten unter Wenden bei starker Hitze braten. Zuletzt Kirschtomaten untermischen.

6. Die Wok-Pfanne mit Sojasauce, Zitronensaft, Salz und evtl. Pfeffer abschmecken. Schnittlauch abspülen, trockentupfen und in Röllchen schneiden, Wok-Pfanne mit Schnittlauch und Cashewkernen anrichten und sofort servieren.

Beilage: Dazu passt Jasmin-Duftreis (Basmatireis).

Tipp: Anstatt der Cashewkerne können Sie auch abgezogene, ganze Mandeln verwenden. Anstelle von Chinakohl können Sie für dieses Gericht auch Mangold verwenden.

Der marktfrische Tipp:

Chili oder Chilischoten sind die getrockneten Beerenfrüchte einer kleinen Paprikaart. Es sind kegelförmige, zugespitzte Schoten von orangegelber bis gelbroter Farbe. Je nach Sorte haben sie einen fruchtig-scharfen bis brennend-scharfen Geschmack. Tabascosauce und Cayennepfeffer wird aus getrockneten, gemahlenen Schoten hergestellt. Da die Schärfe hauptsächlich aus den Kernen stammt, kann man diese entfernen. Man verwendet klein geschnittene Chilis für Saucen, Gulasch und Fleischgerichte (Chili con carne).

Marktfrische Küche im Januar

Winter

Schweinehaxen in Biersauce mit Jägerkohl

Zubereitungszeit: etwa 30 Minuten
Garzeit: etwa 2 ½ Stunden

Pro Portion: E: 104 g, F: 49 g, Kh: 12 g, kJ: 3894, kcal: 930

6 Portionen

Zutaten:

4	Schweinehinterhaxen (etwa 3,6 kg)
	Salz
	frisch gemahlener Pfeffer
	gemahlener Kümmel oder Kümmelsamen
4 EL	Speiseöl, z. B. Rapsöl
125 ml (⅛ l)	Schwarzbier
1 EL	Tomatenmark
1 EL	Paprikapulver edelsüß
375 ml (⅜ l)	Schwarzbier
250 ml (¼ l)	Fleischbrühe
4	Zwiebeln
1 Kopf	Weißkohl (etwa 1,2 kg)
50 g	Schweineschmalz
150 g	gewürfelter roher Schinken
100–150 ml	Gemüsebrühe
1 EL	Speisestärke
1–2 EL	kaltes Wasser

1. Von den Haxen die Schwarte und das Fett entfernen. Die Haxen unter fließendem kalten Wasser abspülen, trockentupfen und mit Salz, Pfeffer und Kümmel bestreuen.

2. Öl in einem großen flachen Bräter erhitzen und die Haxen darin von allen Seiten bei mittlerer bis starker Hitze gut anbraten, Bier zugeben.

3. Den Bräter auf dem Rost (unteres Drittel) in den vorgeheizten Backofen schieben und die Haxen offen garen.

Ober-/Unterhitze: etwa 200 °C
Heißluft: etwa 180 °C
Bratzeit: etwa 2 ½ Stunden.

4. Die Haxen ab und zu wenden. Tomatenmark, Paprika, Bier und Fleischbrühe verrühren, nach und nach zugeben. Die Haxen ab und zu damit begießen.

5. Etwa 50 Minuten vor dem Ende der Garzeit Zwiebeln abziehen, halbieren und fein würfeln. Weißkohl putzen, vierteln und den Strunk herausschneiden. Kohlviertel waschen, abtropfen lassen und in feine Streifen oder in kleine Quadrate schneiden.

6. Schmalz in einem großen Topf zerlassen und die Zwiebel- und Schinkenwürfel darin andünsten. Weißkohlstreifen hinzufügen und ebenfalls unter Rühren andünsten. Gemüsebrühe hinzugießen. Kohl mit Salz, Pfeffer und Kümmel würzen und zugedeckt bei mittlerer Hitze 20–30 Minuten dünsten. Dabei den Kohl gelegentlich umrühren.

7. Die Haxen aus dem Backofen nehmen und warm stellen. Die Sauce zum Kochen bringen. Speisestärke mit Wasser anrühren, in die Sauce einrühren und kurz aufkochen lassen. Die Biersauce mit Salz und Pfeffer abschmecken. Das Fleisch nach Belieben von den Knochen schneiden und mit Jägerkohl und Biersauce servieren.

Beilage: Salzkartoffeln.

Der marktfrische Tipp:

Weißkohl enthält wichtige Mineralstoffe und Vitamine wie Kalium, Eisen, Vitamin B_6, C und K. Er ist reich an Ballaststoffen und kalorienarm, 100 g enthalten 24 kcal. Zur besseren Bekömmlichkeit den Kohl mit Kümmel würzen oder vor der Mahlzeit einige Kümmelsamen unzerkaut mit Wasser schlucken. Dank seines Sortenreichtums ist er ganzjährig erhältlich.

Winter

Gefüllte Wildente

Zubereitungszeit: etwa 30 Minuten
Garzeit: etwa 2 Stunden

Pro Portion: E: 61 g, F: 73 g, Kh: 41 g, kJ: 4444, kcal: 1062

2 Portionen

Zutaten:

Für die Füllung:

80 g	Weißbrot
1	Apfel
30 g	Rosinen
1	Ei (Größe M)
100 g	Schlagsahne
1 EL	gehackte Petersilie
	Salz
	frisch gemahlener Pfeffer
1	Wildente (800–1000 g)
3 EL	Speiseöl, z. B. Rapsöl
400 ml	Entenfond
600 g	Steckrübe
1	Zwiebel

1. Für die Füllung Weißbrot in kleine Würfel schneiden. Apfel schälen, vierteln, entkernen und ebenfalls in kleine Würfel schneiden. Weißbrot-, Apfelwürfel und Rosinen in eine Schüssel geben und mit Ei, Sahne und Petersilie verrühren, mit Salz und Pfeffer würzen.

2. Wildente innen und außen unter fließendem kalten Wasser abspülen und trockentupfen. Die Füllung fest in die Ente drücken und die Öffnung evtl. mit Rouladennadeln feststecken. Die Ente mit Salz und Pfeffer bestreuen.

3. Speiseöl in einem Bräter erhitzen und die Wildente mit der Brust nach unten hineinlegen. Den Bräter auf dem Rost im unteren Drittel in den vorgeheizten Backofen schieben.

Ober-/Unterhitze: etwa 200 °C
Heißluft: etwa 180 °C
Garzeit: etwa 2 Stunden.

4. Nach und nach den Entenfond hinzugießen und die Ente gelegentlich damit begießen.

5. Nach etwa einer Stunde Garzeit die Ente wenden. Die Steckrübe schälen und in etwa 2 cm große Würfel schneiden. Zwiebel abziehen und fein würfeln. Steckrüben- und Zwiebelwürfel in den Bräter geben, mit Salz und Pfeffer würzen und mitgaren lassen.

6. Wildente aus dem Backofen nehmen, tranchieren und mit der Füllung und dem Steckrübengemüse servieren.

Beilage: Petersilienkartoffeln.

Tipp: Würzen Sie die Ente und die Füllung zusätzlich mit frischem oder getrocknetem Thymian.

Der marktfrische Tipp:

Rosinen sind der Oberbegriff für getrocknete Weinbeeren. Abhängig von der verwendeten Weintraube unterscheidet man verschiedene Sorten Rosinen. Sultaninen haben eine helle, goldgelbe Farbe. Sie werden aus den Sultana-Trauben hergestellt und kommen aus der Türkei, Australien und Südafrika. Getrocknete Weinbeeren sind ebenfalls Sultaninen, werden aber aus der Thompson Seedless-Traube hergestellt und kommen aus Kalifornien. Korinthen sind schwarz-braun bis schwarz-blau, kleinbeerig und kräftiger im Geschmack.

Winter

Schwarzwurzelauflauf

Zubereitungszeit: etwa 50 Minuten
Garzeit: etwa 40 Minuten

Pro Portion: E: 24 g, F: 30 g, Kh: 40 g, kJ: 2215, kcal: 526

4 Portionen

Zutaten:

1 3/8 l	Wasser
4 EL	Weißweinessig
1 kg	Schwarzwurzeln
1 TL	Salz
40 g	frischer Ingwer
1 Stange	Porree (Lauch)
400 g	Eierspätzle oder Gnocchi (aus dem Kühlregal)
3	Eier (Größe M)
100 ml	Schwarzwurzelkochwasser
1 Becher (150 g)	Crème fraîche
	Salz
	frisch gemahlener Pfeffer
	geriebene Muskatnuss
150 g	geriebener Emmentaler
2 EL	Sesamsamen

1. 1 Liter Wasser mit der Hälfte des Essigs verrühren. Schwarzwurzeln unter fließendem kalten Wasser gründlich abbürsten, dünn schälen, abspülen und abtropfen lassen. Die Schwarzwurzeln einige Zeit in das Essigwasser legen, damit die Stangen weiß bleiben, abtropfen lassen und in Stücke schneiden.

2. Das restliche Wasser mit Salz und dem restlichen Essig zum Kochen bringen. Die Schwarzwurzeln hineingeben und in etwa 15 Minuten knapp gar kochen, auf ein Sieb zum Abtropfen geben, Kochwasser auffangen und 100 ml abmessen.

3. Ingwer schälen und in kleine Würfel schneiden. Von dem Porree die Außenblätter entfernen und Wurzelenden und dunkles Grün abschneiden. Die Stange seitlich einschneiden, gründlich waschen, abtropfen lassen und in etwa 2 cm lange Stücke schneiden.

4. Schwarzwurzeln mit Spätzle oder Gnocchi, Porreestücken und Ingwerwürfeln vermischen und in eine etwas höhere Auflaufform geben.

5. Eier mit Schwarzwurzelkochwasser, Crème fraîche verrühren. Mit Salz, Pfeffer und Muskat würzen und über den Auflauf geben. Dann zuerst mit Käse und anschließend mit den Sesamsamen bestreuen. Die Form auf dem Rost im unteren Drittel in den vorgeheizten Backofen schieben.

Ober-/Unterhitze: etwa 200 °C
Heißluft: etwa 180 °C
Garzeit: etwa 40 Minuten.

Beilage: Röstkartoffeln und evtl. kurz gebratenes Fleisch, z. B. Kotelett oder Schnitzel.

Der marktfrische Tipp:

Schwarzwurzeln werden auch Winterspargel genannt, weil sie zubereitet ähnlich aussehen. Sie zeichnen sich durch einen hohen Anteil an Eisen und Kalium aus. Der Kaloriengehalt liegt bei 16 kcal pro 100 g geputzter Ware. Im Kühlschrank halten sich Schwarzwurzeln etwa 1 Woche frisch. Mit Gummihandschuhen schälen oder ungeschält kochen und dann die Haut abziehen.

Marktfrische Küche im Januar

Winter

Apfelmus (Foto)

Zubereitungszeit: etwa 25 Minuten

Pro Portion: E: 0 g, F: 1 g, Kh: 30 g, kJ: 537, kcal: 129

4 Portionen

Zutaten:

750 g	säuerliche Äpfel, z. B. Boskop oder Elstar
etwa 5 EL	Wasser
etwa 50 g	Zucker
1 Pck.	Dr. Oetker Vanillin-Zucker oder gemahlener Zimt

1. Äpfel waschen, schälen, vierteln, entkernen und in kleine Stücke schneiden. Die Apfelstücke mit Wasser in einem Topf zum Kochen bringen und bei schwacher Hitze etwa 15 Minuten mit Deckel kochen, ab und zu umrühren und nach Bedarf noch etwas Wasser zugeben.

2. Die Apfelmasse nach Belieben pürieren und das Apfelmus mit Zucker und Vanillin-Zucker oder Zimt abschmecken.

Tipp: Apfelmus als Dessert pur oder mit steif geschlagener Sahne geschichtet in einem Glas servieren. Zusätzlich 1–2 Stück Sternanis oder Nelken mitkochen.

Abwandlung: Für Apfelkompott, die stückige Variante des Apfelmuses, die geschälten, entkernten Äpfel grob zerkleinern, mit dem Wasser wie oben angegeben etwa 10 Minuten kochen, nicht pürieren und mit Zucker und Gewürzen abschmecken.

Schokoladenquark mit Bananen

Zubereitungszeit: etwa 20 Minuten

Pro Portion: E: 21 g, F: 13 g, Kh: 33 g, kJ:1474, kcal: 352

4 Portionen

Zutaten:

100 g	Zartbitter-Schokolade
500 g	Magerquark
4–6 EL	Milch oder Schlagsahne
1 Pck.	Dr. Oetker Vanillin-Zucker
etwa 1 ½ EL	Zucker
4	kleine reife Bananen
	gehobelte, gebräunte Mandeln

1. Schokolade in Stücke brechen und in einem kleinen Topf im Wasserbad bei geringer Hitze unter Rühren schmelzen.

2. Quark mit Milch oder Sahne geschmeidig rühren, Vanillin-Zucker und Schokolade unterrühren und mit Zucker abschmecken.

3. Bananen schälen und auf je 1 Dessertteller legen. Den Schokoladenquark in einen Spritzbeutel mit großer Sterntülle geben und neben die Bananen spritzen. Vor dem Servieren mit Mandeln bestreuen.

Tipp: Anstatt mit Mandeln kann der Quark auch mit Krokant oder Schokostreuseln bestreut werden.

Variante: Für Quarkspeise mit Pfirsichen 1 Dose Pfirsiche (Abtropfgewicht 470 g) abtropfen lassen, in kleine Stücke schneiden und mit 2 Esslöffeln Limetten- oder Zitronensaft mischen. Je 250 g Magerquark und Speisequark (20 % Fett i. Tr.) mit 150 Naturjoghurt, 3–4 Esslöffeln Zucker und 1 Päckchen Dr. Oetker Vanillin-Zucker verrühren. Die Hälfte der Quarkmasse in eine Glasschale geben. Pfirsichmischung und nach Belieben die Hälfte von 50 g gebräunten Kokosraspeln darauf verteilen, mit der restlichen Quarkmasse bedecken und den restlichen Kokosraspeln bestreuen.
Die Quarkspeise mindestens 30 Minuten kalt stellen.

Marktfrische Küche im **Januar**

Winter

Salat von roten Linsen (Foto)

Zubereitungszeit: etwa 30 Minuten

Pro Portion: E: 30 g, F: 9 g, Kh: 57 g, kJ: 1852, kcal: 443

4 Portionen

Zutaten:

500 g	rote Linsen
700 ml	Gemüsebrühe
3 EL	Raps- oder Olivenöl
5 EL	Weißweinessig
1	rote Zwiebel
1	roter Apfel
1	gelbe Paprikaschote
	Salz
	frisch gemahlener Pfeffer
1 Bund	Blattpetersilie

1. Linsen mit Gemüsebrühe aufkochen lassen, dabei mehrmals umrühren und bei geringer Hitze etwa 8 Minuten garen, dabei häufig durchrühren.

2. Linsen vom Herd nehmen und mit Öl und Essig vermischen.

3. Zwiebel abziehen und in feine Würfel schneiden. Apfel waschen, vierteln, entkernen und in Würfel schneiden. Paprikaschote vierteln, entstielen, entkernen und die weißen Scheidewände entfernen. Schote waschen und in kleine Würfel schneiden.

4. Zwiebel, Apfel und Paprika zu den Linsen geben und mit Salz und Pfeffer würzen. Petersilie kalt abspülen, trockentupfen, die Blättchen von den Stielen zupfen und fein geschnitten unter die Linsen heben.

Tipp: Der Salat kann lauwarm oder kalt serviert werden.

Beilage: Würstchen und Fladenbrot.

Chicoréesalat mit blauen Trauben

Zubereitungszeit: etwa 25 Minuten

Pro Portion: E: 7 g, F: 7 g, Kh: 30 g, kJ: 926, kcal: 221

4 Portionen

Zutaten:

Für die Salatsauce:

1 Becher (150 g)	Vollmilchjoghurt
1 EL	gehackte Zitronenmelisse
2 EL	Zitronensaft
	Salz
1 Prise	Zucker

Für den Salat:

4	mittelgroße Chicorée (je etwa 200 g)
2	Äpfel
2	Orangen
40 g	Sonnenblumenkerne
200 g	blaue kernlose Weintrauben

1. Für die Salatsauce Joghurt in eine Schüssel geben. Zitronenmelisse, Zitronensaft, Salz und Zucker mit dem Joghurt verrühren.

2. Für den Salat Chicorée von den schlechten Blättern befreien, halbieren und die bitteren Strünke keilförmig herausschneiden. Chicorée waschen, abtropfen lassen und die Blätter abzupfen.

3. Äpfel waschen, abtrocknen, vierteln, entkernen und in dünne Scheiben schneiden. Orangen so dick mit einem Messer schälen, dass auch die weiße Haut ganz entfernt wird. Orangen halbieren und ebenfalls in Scheiben schneiden.

4. Chicoréeblätter, Apfel- und Orangenscheiben auf 4 Teller verteilen. Salatsauce darüber gießen und mit Sonnenblumenkernen bestreuen.

5. Weintrauben waschen, trockentupfen, entstielen, halbieren und auf dem Salat verteilen.

Winter

Zwiebelsuppe

Zubereitungszeit: etwa 30 Minuten

Pro Portion: E: 6 g, F: 19 g, Kh: 15 g, kJ: 1194, kcal: 285

4 Portionen

Zutaten:

etwa 600 g	Zwiebeln
50 g	Butter oder Margarine
850 ml	Gemüsebrühe
150 ml	Weißwein
	Salz
	geschroteter, weißer Pfeffer
30–40 g	Butter
8 kleine oder 4 große Scheiben	Baguette
30 g	geriebener Parmesan

1. Zwiebeln abziehen, halbieren und in dünne Scheiben schneiden oder hobeln. Butter oder Margarine in einem Topf zerlassen und die Zwiebelscheiben darin unter Rühren bei mittlerer Hitze andünsten.

2. Gemüsebrühe hinzugießen, zum Kochen bringen und mit Deckel bei mittlerer Hitze in 10–15 Minuten gar kochen. Weißwein in die Suppe geben und die Suppe mit Salz und Pfeffer würzen.

3. Während die Suppe kocht, den Backofengrill vorheizen. Butter in einer großen Pfanne zerlassen und die Baguettescheiben darin von beiden Seiten goldgelb rösten.

4. Die Zwiebelsuppe in große, hitzebeständige Suppentassen füllen, die Baguettescheiben darauf verteilen und mit Parmesan bestreuen. Die Suppentassen auf dem Rost in den Backofen schieben und die Suppe unter dem vorgeheizten Grill kurz überbacken, bis der Käse leicht gebräunt ist.

5. Die Zwiebelsuppe sofort servieren.

Variante: Bereiten Sie die Zwiebelsuppe mal mit roten Zwiebeln zu und verwenden Sie anstatt Weißwein Rotwein. Anstatt Parmesan kann auch alter Gouda, Pecorino oder Cheddar verwendet werden.

Tipp: Die Zwiebelsuppe als kleines Gericht servieren. Als Vorspeise reicht die Menge für 6 Portionen, dann 45 g Butter, 6 große Baguettescheiben und 45 g Parmesan verwenden.
Falls Sie keine hitzebeständigen Suppentassen haben, können Sie die Baguettescheiben auch getrennt zubereiten. Dafür die Baguettescheiben auf ein mit Backpapier belegtes Backblech legen, mit Parmesan bestreuen, das Backblech in den vorgeheizten Backofen schieben und die Baguettescheiben bei etwa 220 °C (Ober-/Unterhitze; Heißluft: etwa 200 °C) etwa 5 Minuten überbacken. Die Baguettescheiben vor dem Servieren auf die Suppe geben.

Der marktfrische Tipp:

Parmesankäse ist ein Hartkäse, der aus Kuhmilch gewonnen wird und 12–36 Monate reift. Er ist reich an Kalzium und Magnesium und leicht verdaulich. Er ist vor allem als würziger Reibekäse in vielen italienischen Pastagerichten bekannt. Dünn gehobelt schmeckt er gut zu Spargel oder Fenchel. Oder man genießt ihn einfach pur, mit frischem Gemüse und Obst und einem Glas Wein.

Marktfrische Küche im **Februar**

Winter

Kartoffelsuppe mit Hackfleischbällchen

Zubereitungszeit: etwa 50 Minuten

Pro Portion: E: 32 g, F: 33 g, Kh: 29 g, kJ: 2283, kcal: 545

4 Portionen

Zutaten:

Für die Hackfleischbällchen:

1	Brötchen (Semmel) vom Vortag
1	Zwiebel
1 Bund	glatte Petersilie
400 g	Rindergehacktes
1	Ei (Größe M)
	Salz, Pfeffer
	geriebene Muskatnuss
750 ml (3/4 l)	Gemüsebrühe

Für die Kartoffelsuppe:

100 g	durchwachsener Speck
3	Zwiebeln
600 g	Kartoffeln
1 Stange	Porree (Lauch)
2	Tomaten
30 g	Butterschmalz
	Salz, Pfeffer
1/2 TL	Majoran
100 g	Schlagsahne
2 EL	gehackte Petersilie

Zum Garnieren:

einige	Majoranblättchen

1. Für die Hackfleischbällchen Brötchen in kaltem Wasser einweichen und gut ausdrücken. Zwiebel abziehen und in kleine Würfel schneiden. Petersilie abspülen und trockentupfen. Die Blättchen von den Stängeln zupfen und fein hacken. Gehacktes in eine Schüssel geben und eingeweichtes Brötchen, Zwiebelwürfel, Petersilie und Ei hinzugeben. Die Zutaten gut vermengen und mit Salz, Pfeffer und Muskat würzen.

2. Aus der Gehacktesmasse mit angefeuchteten Händen kleine Bällchen formen. Brühe in einem Topf zum Kochen bringen und Hackfleischbällchen etwa 10 Minuten darin ziehen lassen. Hackfleischbällchen mit einer Schaumkelle herausnehmen und die Brühe für die Zubereitung der Suppe beiseite stellen, evtl. durch ein Sieb geben.

3. Für die Suppe Speck in Würfel schneiden. Zwiebeln abziehen. Kartoffeln waschen, schälen, abspülen. Zwiebeln und Kartoffeln in Würfel schneiden. Porree putzen, die Stange längs halbieren, waschen, abtropfen lassen und in kleine Stücke schneiden. Tomaten waschen, abtropfen lassen, kreuzweise einschneiden und einige Sekunden in kochendes Wasser legen. Tomaten kurz in kaltes Wasser legen, enthäuten, halbieren, entkernen und Stängelansätze herausschneiden. Fruchtfleisch in Würfel schneiden.

4. Butterschmalz in einem Topf erhitzen und Speckwürfel darin auslassen. Zwiebelwürfel hinzugeben und glasig dünsten. Kartoffelwürfel mit den Porreestücken hinzufügen und mit andünsten. Mit Salz, Pfeffer und Majoran würzen. Die beiseite gestellte Brühe hinzugießen, zum Kochen bringen und etwa 15 Minuten kochen lassen. Sahne, Petersilie und Tomatenwürfel unterrühren, erhitzen und die Suppe mit Salz, Pfeffer und Majoran abschmecken. Die Hackfleischbällchen in der Suppe mit erhitzen und mit Majoran garnieren.

Der marktfrische Tipp:

Die Biologische Wertigkeit eines Hühnereis ist besonders hoch. Außer Vitamin C sind alle Vitamine, Eisen, Kalzium und Selen enthalten. Ein Ei liefert etwa 80 kcal. In folgende Gewichtsklassen sind Eier eingeteilt: S (klein): unter 53 g, M (mittel): 53 g bis unter 63 g, L (groß): 63 g bis unter 73 g, XL (sehr groß): 73 g und darüber.

Winter

Pilzragout mit Schupfnudeln

Zubereitungszeit: etwa 30 Minuten

Pro Portion: E: 20 g, F: 31 g, Kh: 66 g, kJ: 2609, kcal: 619

2–3 Portionen

Zutaten:

250 g	frische braune Champignons
1	Zwiebel
80 g	durchwachsener Speck
500 g	Schupfnudeln aus dem Kühlregal
1 EL	Butter
	Salz
	frisch gemahlener Pfeffer
2 geh. TL	Bratenfond (Extrakt aus dem Glas)
200 g	Schlagsahne
	evtl. Saucenbinder
1 kleines Bund	glatte Petersilie

1. Champignons putzen, mit Küchenpapier abreiben, evtl. kurz abspülen, trockentupfen und, je nach Größe, halbieren oder vierteln. Zwiebel abziehen und in kleine Würfel schneiden. Speck ebenfalls klein würfeln.

2. Schupfnudeln nach Packungsanleitung zubereiten.

3. Butter zerlassen, Zwiebel- und Speckwürfel darin andünsten und Champignonstücke zugeben, mit andünsten und mit Salz und Pfeffer würzen. Den Bratenfond und Sahne zugeben und etwa 5 Minuten garen, nach Belieben mit Saucenbinder binden.

4. Petersilie abspülen und trockentupfen. Die Blättchen von den Stängeln zupfen (einige Blättchen zum Garnieren beiseite legen) und klein schneiden.

5. Die Schupfnudeln abgetropft in eine Schüssel geben. Gehackte Petersilie unter das Ragout heben, über die Schupfnudeln geben und mit den beiseite gelegten Petersilienblättchen garnieren.

Beilage: Kurz gebratenes Fleisch, gemischter Blattsalat oder Tomatensalat.

Der marktfrische Tipp:

Als Speck bezeichnet man bei Schweinen das Fettgewebe, das sich zwischen Haut und Muskeln befindet. Dabei unterscheidet man fetten oder Rückenspeck aus reinem Fettgewebe und durchwachsenen oder Bauchspeck, der mit Muskelfleisch durchwachsen ist. Es gibt noch Schinkenspeck, der aus dem Schinken hergestellt wird. Fetten Speck verwendet man zum Bardieren von Fleisch und zur Herstellung von Schmalz. Durchwachsener Speck verleiht Fleischgerichten, Suppen und Eintöpfen eine herzhafte Note.

Winter

Rinderschulter, geschmort

Zubereitungszeit: etwa 150 Minuten **Pro Portion:** E: 55 g, F: 32 g, Kh: 25 g, kJ: 2571, kcal: 613 **4 Portionen**

Zutaten:

1 kg	Rinderschulter
	Salz
	frisch gemahlener Pfeffer
4 EL	Olivenöl
3	Zwiebeln
1 EL	Tomatenmark
500–750 ml	Fleischbrühe
2	Lorbeerblätter
1 EL	Senf
500 g	Kartoffeln
300 g	Sellerieknolle
400 g	Möhren
1 Stange	Porree (Lauch)
2 TL	Speisestärke

1. Fleisch unter fließendem kalten Wasser abspülen, trockentupfen, evtl. Sehnen und das Fett abschneiden, mit Salz und Pfeffer würzen.

2. Das Öl in einem Bräter erhitzen und das Fleisch von allen Seiten darin anbraten. Zwiebeln abziehen, vierteln und mit anrösten, Tomatenmark dazugeben und kurz mit rösten, mit 500 ml (1/2 l) Fleischbrühe auffüllen, aufkochen lassen und Lorbeerblätter und Senf zugeben.

3. Das Fleisch im geschlossenen Topf bei geringer Hitze etwa 130 Minuten garen, dabei ab und zu wenden.

4. Kartoffeln, Sellerie und Möhren schälen, waschen und grob zerteilen. Porree putzen, die Stange längs einschneiden, gründlich waschen und in 2–3 cm große Stücke zerteilen.

5. Das Gemüse nach etwa 80 Minuten Garzeit zum Fleisch geben, zuerst die Kartoffeln, dann Sellerie, Möhren und zuletzt den Porree, nach Bedarf etwas Brühe zugeben, dabei die Hitze wieder erhöhen und, sobald alles kocht, zurückschalten.

6. Das Fleisch aus dem Sud nehmen und in Scheiben schneiden. Speisestärke mit kaltem Wasser anrühren, in den kochenden Sud rühren und damit binden, mit Salz, Pfeffer und Senf abschmecken. Die Sauce mit dem Gemüse zum Fleisch servieren.

Beilage: Kartoffelklöße oder Spätzle.

Tipp: Ein Teil der Fleischbrühe kann durch Rot- oder Weißwein ersetzt werden.

Der marktfrische Tipp:

Knollensellerie hat einen ausgeprägten, würzigen Geschmack. Die Farbe ist gelblich bis graubraun, innen ist die Knolle weiß, von etwas weicher Beschaffenheit. Sellerie kann roh als Salat verzehrt werden, ist Bestandteil des Suppengemüse, man kann ihn mit Kartoffeln zu Püree verarbeiten oder, in Scheiben geschnitten und paniert, wie ein Schnitzel braten. 100 g liefern nur 18 kcal, aber viele Ballaststoffe sowie Kalium, Magnesium, Provitamin A und Vitamin K.

Winter

Schellfisch, pochiert

Zubereitungszeit: etwa 40 Minuten

Pro Portion: E: 36 g, F: 14 g, Kh: 12 g, kJ: 1388, kcal: 332

4 Portionen

Zutaten:

700 g	Schellfisch
	Salz
	frisch gemahlener Pfeffer
4	Schalotten
4	Möhren
30 g	Butter
etwa 30 g	Weizenmehl
200 ml	Gemüsebrühe
200 ml	Milch
2 EL	Senf (etwa 60 g)
6 EL	Schlagsahne
1	Lorbeerblatt
50 ml	Weißweinessig
100 ml	Wasser
1 Kästchen	Kresse

1. Lassen Sie sich den Schellfisch vom Fischhändler schuppen und filetieren. Jedes Filet halbieren, unter fließendem kalten Wasser abspülen, trockentupfen und mit Salz und Pfeffer würzen.

2. Schalotten abziehen, 2 Schalotten in Würfel, die restlichen in dünne Scheiben schneiden. Möhren putzen, schälen und in dünne Scheiben schneiden. Butter in einem Topf erhitzen und Schalottenwürfel darin andünsten, das Mehl zugeben, mit einem Schneebesen verrühren und etwa 1 Minute anrösten.

3. Mehl mit Gemüsebrühe und Milch auffüllen, dabei ständig rühren und unter Rühren aufkochen lassen. Mit Senf, Sahne und etwas Salz abschmecken und weitere 10 Minuten köcheln lassen.

4. Schalotten- und Möhrenscheiben mit dem Lorbeerblatt in eine große Pfanne legen. Essig, Salz und Wasser zugeben, aufkochen lassen und die Schellfischfilets mit der Hautseite nach oben auf das Gemüse legen, zugedeckt etwa 5 Minuten dünsten. Die Schellfischfiletstücke mit einer Schaumkelle vorsichtig aus dem Sud nehmen, auf einer vorgewärmten Platte anrichten und mit Kresse garnieren. Senfsauce dazureichen.

Beilage: Salzkartoffeln und Tomatensalat.

Tipp: Wer es mag, gibt das Gemüse mit zum Fisch.

Der marktfrische Tipp:

Gartenkresse, die in sogenannten Kressebeeten angeboten wird, ist rettichartig scharf, als zusätzliches Gewürz sollte man sich auf Salz und Pfeffer beschränken. Kresse enthält Vitamin C, B-Vitamine und Betacarotin, außerdem Kalium, Kalzium und Eisen. Kresse sollte frisch verzehrt werden, durch den Kochprozess werden die Nährstoffe zerstört. Entfernte Verwandte sind die Brunnen-, Winter- und Kapuzinerkresse.

Winter

Zander mit Speck und Kraut

Zubereitungszeit: etwa 60 Minuten
Garzeit: etwa 35–40 Minuten

Pro Portion: E: 43 g, F: 21 g, Kh: 10 g, kJ: 1775, kcal: 423

4 Portionen

Zutaten:

200 g	Zwiebeln
100 g	durchwachsener geräucherter Speck
1 EL	Speiseöl
800 g	Sauerkraut
100 ml	trockener Weißwein, z. B. Riesling
etwa 125 ml (1/8 l)	Gemüse- oder Fischfond
2	Nelken
6	Wacholderbeeren
1	Lorbeerblatt
	Salz
	Zucker
4	Zanderfilets (je etwa 180 g)
	frisch gemahlener Pfeffer
125 g	Schlagsahne
1 Bund	glatte Petersilie

1. Zwiebeln abziehen und in schmale Streifen schneiden. Speck in Würfel schneiden. Speck in dem Öl in einem großen Bräter anbraten. Zwiebeln zugeben, andünsten, dann das Sauerkraut zugeben, ebenfalls andünsten.

2. Wein und Gemüse- oder Fischfond hinzugießen und Nelken, Wacholderbeeren, Lorbeerblatt, Salz und Zucker hinzufügen. Alles zum Kochen bringen und etwa 25 Minuten zugedeckt dünsten.

3. Zanderfilets unter fließendem kalten Wasser abspülen und trockentupfen. Mit Salz und Pfeffer bestreuen.

4. Sahne unter das Sauerkraut rühren und Zanderfilets darauf verteilen. Den Bräter wieder mit dem Deckel verschließen und das Sauerkraut und den Zander in 10–15 Minuten fertig garen.

5. Petersilie abspülen und trockentupfen. Die Blättchen von den Stängeln zupfen und hacken. Zander und Kraut mit Petersilie bestreut servieren.

Beilage: In Butter geschwenkte Kartoffeln.

Tipp: Geben Sie einen geschälten, entkernten, gewürfelten Apfel mit dem Sauerkraut und den Zwiebelstreifen in den Bräter.

Der marktfrische Tipp:

Gewürznelken, kurz Nelken genannt, sind die noch geschlossenen Blüten des Nelkenbaums, die getrocknet werden. Nelken verwendet man für Rotkohl, Grünkohl, Wildgerichte, Glühwein und gemahlen in Weihnachtsgebäck. Sie haben ein intensives Aroma, schmecken leicht scharf und sollten sparsam verwendet werden.

Winter

Fränkischer Krautauflauf

Zubereitungszeit: etwa 40 Minuten
Garzeit: 35–40 Minuten

Pro Portion: E: 31 g, F: 45 g, Kh: 9 g, kJ: 2364, kcal: 564

4 Portionen

Zutaten:

	Wasser
	Salz
	(auf 1 l Wasser 1 TL Salz)
1 mittelgroßer Kopf	Weißkohl (etwa 1 kg)
1	dicke Zwiebel
80 g	Schweineschmalz
1	Lorbeerblatt
1	Gewürznelke
	Salz
500 g	Gehacktes (halb Rind-, halb Schweinefleisch)
	frisch gemahlener Pfeffer
etwas	gemahlener Kümmel
100 g	durchwachsener Speck in Scheiben

Zum Garnieren:

	Petersilienblättchen
2 EL	saure Sahne

1. In einem großen Topf reichlich Wasser zum Kochen bringen und Salz hinzufügen. Inzwischen von dem Weißkohl die äußeren welken Blätter entfernen. Den Weißkohl abspülen, den Strunk unten keilförmig herausschneiden und den Weißkohl so lange in das kochende Wasser legen, bis sich die äußeren Blätter lösen. Diesen Vorgang wiederholen, bis sich 6–8 Blätter lösen lassen und etwas weich sind. Die Blätter abtropfen lassen und mit Küchenpapier trockentupfen. Die dicken Blattrippen flach schneiden. Restlichen Kohl in Streifen schneiden.

2. Zwiebel abziehen und in kleine Würfel schneiden. Schmalz in einem Topf zerlassen und Kohlstreifen, Zwiebelwürfel, Lorbeerblatt und Nelke hinzugeben. Mit Salz würzen und die Zutaten etwa 10 Minuten dünsten lassen.

3. Eine Auflaufform (mit Schmalz gefettet) mit 3–4 Kohlblättern auslegen. Die gedünsteten Kohlstreifen mit dem Gehackten gut vermengen und mit Salz, Pfeffer und Kümmel würzen. Die Kohl-Gehacktes-Masse auf den Kohlblättern verteilen und mit den restlichen Kohlblättern bedecken. Speck auf den Kohlblättern verteilen. Die Form auf dem Rost in den vorgeheizten Backofen schieben.

Ober-/Unterhitze: etwa 200 °C
Heißluft: etwa 180 °C
Garzeit: 35–40 Minuten.

4. Petersilie abspülen, trockentupfen und die Blättchen von den Stängeln zupfen. Den Auflauf sofort nach dem Garen mit saurer Sahne bestreichen, in Scheiben schneiden und mit Petersilienblättchen garniert servieren.

Beilage: Salzkartoffeln oder Kartoffelbrei.

Variante: Anstelle von Gehacktes, können Sie 4 geräucherte Mettwürstchen verwenden.

Der marktfrische Tipp:

Gewürzlorbeer oder Echter Lorbeer ist ein Baum oder Strauch, der sich aus Vorderasien kommend über den Mittelmeerraum verbreitet hat. Lorbeer wird als Gewürz verwendet. Die Blätter passen zu Suppen, Eintöpfen, Fleisch- und Fischgerichten. Aromatischer sind frische Blätter, die wie getrocknete mitgekocht werden, da sie nur langsam ihr Aroma freigeben. Der Geschmack ist würzig bitter und sehr herb. Lorbeer wirkt appetitanregend.

Marktfrische Küche im Februar

Winter

Bratäpfel mit Rumsauce

Zubereitungszeit: etwa 25 Minuten
Backzeit: etwa 30 Minuten

Pro Portion: E: 6 g, F: 31 g, Kh: 48 g, kJ: 2323, kcal: 554

4 Portionen

Zutaten:

Für die Rumsauce:

175 ml	Milch
125 g	Schlagsahne
60 g	Zucker
2	Eigelb (Größe M)
2 TL	Speisestärke
4 EL	Rum
75 g	geschlagene Schlagsahne
4	dicke Äpfel, z. B. Boskop
50 g	Marzipan-Rohmasse
20 g	Rosinen
1 ½ EL	Calvados
1 Msp.	gemahlener Zimt
½ EL	Zucker
½ EL	Butter
5 EL	Apfelsaft

1. Für die Sauce Milch mit der Hälfte der Sahne und dem Zucker zum Kochen bringen. Eigelb mit der restlichen Sahne und Speisestärke verrühren und zu dem Milch-Sahne-Gemisch geben, unter ständigem Rühren zum Kochen bringen und kurz aufkochen lassen. Den Rum unterrühren und mit Frischhaltefolie zudecken. Die Sauce erkalten lassen.

2. Äpfel waschen und mit einem Apfelausstecher das Kerngehäuse ausstechen, die Äpfel müssen ganz bleiben.

3. Marzipan, Rosinen, Calvados und etwas Zimt verkneten und in die ausgehöhlten Äpfel füllen.

4. Zucker, Butter, Zimt und den Apfelsaft in eine große Auflaufform geben (oder eine Fettfangschale) und die gefüllten Äpfel hineinsetzen. Die Form auf dem Rost (oder die Fettfangschale) in den vorgeheizten Backofen schieben.

Ober-/Unterhitze: etwa 180 °C
Heißluft: etwa 160 °C
Backzeit: etwa 30 Minuten.

5. Ab und zu die Äpfel mit dem Sud begießen.

6. Die Sauce vor dem Servieren nochmals schaumig rühren und die geschlagene Sahne unterheben. Je einen Apfel auf die Mitte eines Tellers setzen und mit etwas Rumsauce begießen, die restliche Sauce dazureichen.

Tipp: Zu den Bratäpfeln kann auch Vanillesauce oder -eis gereicht werden.

Variante: Die Äpfel mit 80 g Preiselbeeren (aus dem Glas) füllen und 30 g Butter in Flöckchen auf den Äpfeln verteilen. Für eine schnelle Sauce 50 g Schlagsahne mit 200 ml Milch in eine Rührschüssel geben, 1 Päckchen Vanillesauce ohne Kochen (für 250 ml Flüssigkeit) hinzufügen, nach Packungsanleitung aufschlagen, nach Belieben mit 1–2 Esslöffel Rum abschmecken und zu den Bratäpfeln servieren.

Der marktfrische Tipp:

Zimt ist eines der ältesten Gewürze, das vor allem für Süßspeisen, Gebäck, Kompott und Glühwein verwendet wird. Im Orient und Asien wird Zimt auch für Fleischgerichte und Currys verwendet. Der beste Zimt ist der Ceylon-Zimt, der als Stange oder gemahlen angeboten wird.

Winter

Ohne Umwege kommt auf den Verkaufstisch, was die Saison für Land und Leute wachsen lässt. Keine langen Lager- und Transportzeiten, keine teure Tiefkühlkette, keine festen Packungsgrößen. Ausgesucht und abgewogen wird hier ganz nach Wunsch und Appetit. Umweltgerecht und herkunftssicher kommt die Erntefrische vom Erzeuger. Der steht persönlich hinter seinem

Angebot, gern kann man am Stand mit ihm ein Schwätzchen halten. Kundige Beratung und Küchentipps kommen aus erster Hand dazu, freundlich dargereichte Feldfrüchte verführen zum Anbeißen. So vermittelt das Erlebnis Wochenmarkt den Sinn für pure Qualität, verfeinert je nach Jahreszeit.

Ratgeber

Ratgeber

Marktfrische Infos

Warum marktfrisches Obst und Gemüse?

Wann schmeckt Obst und Gemüse am besten? Ganz einfach: Wenn es frisch vom Markt auf den Tisch kommt, wenn die Saison dafür ist und wenn es aus der Region stammt. Obst und Gemüse, das nur kurz transportiert wird, kann voll ausreifen und ist dann besonders wohlschmeckend, nährstoffreich und preiswert. In der Haupterntezeit gibt es Obst und Gemüse meist sehr günstig.

Am teuersten ist es zu Saisonbeginn, wenn zum Beispiel der erste Spargel oder die ersten Erdbeeren auf den Markt kommen. Wer seinen Geldbeutel schonen möchte, sollte einfach noch ein bis zwei Wochen warten, denn dann purzeln die Preise.

Wochenmärkte und Direktvermarkter bieten das ganze Jahr über eine reiche Auswahl für die marktfrische Küche. Ob Spargel, Rhabarber und Erdbeeren im Frühjahr, Zucchini, Zuckerschoten und Aprikosen im Sommer, Kürbis, Pilze und Birnen im Herbst oder Chicorée, Schwarzwurzeln und Rosenkohl im Winter – jede Jahreszeit hat ihren besonderen Geschmack. Und wer Produkte der Region kauft, kann auch alte Sorten neu entdecken. So zum Beispiel bei Äpfeln: Regionale Sorten haben ein ganz typisches Aroma. Der Aargauer Jägerapfel vom Hochrhein schmeckt völlig anders als ein Gravensteiner aus Schleswig-Holstein. Probieren Sie doch auch mal alte Sorten wie Berlepsch oder Glockenapfel.

Wenn es bei Ihnen keinen Wochenmarkt in der Nähe gibt oder Ihnen die Zeit fehlt, an den Markttagen einkaufen zu gehen, können Sie selbstverständlich Obst und Gemüse in einem Supermarkt einkaufen. Auch hier gibt es sehr gute Waren im Frischebereich. Achten Sie beim Einkauf darauf, dass das Obst und Gemüse frisch aussieht und keine braunen, faulen Stellen oder welke Blätter hat. Denn das lässt eine zu lange oder zu warme Lagerung vermuten und die Ware schmeckt nicht mehr.

Warum Produkte aus biologischem Anbau?

Bioprodukte sind mehr als nur ein Trend, denn man schmeckt den Unterschied. Sie bieten einen natürlichen, unverfälschten und arttypischen Genuss und eine hohe Qualität. Und Bioprodukte leisten noch mehr: Der ökologische Landbau ist eine besonders umweltverträgliche Form der Landwirtschaft, die zum Ziel hat, gesunde Lebensmittel im Einklang mit der Natur zu erzeugen. Bio-Obst und Bio-Gemüse sind meist deutlich weniger mit Pflanzenschutzmitteln und Nitrat belastet als konventionell Angebautes. Auch in Sachen wertvoller Inhaltsstoffe schneidet es besser ab: Mehr Vitamine und vor allem mehr sekundäre Pflanzenstoffe machen Bio-Ware gesünder als die Konventionelle.
Bio-Fleisch wird auch immer beliebter, denn das Ergebnis einer artgerechten Tierhaltung und einer Aufzucht mit ökologisch erzeugtem Futter, ist besonders geschmackvolles und qualitativ hochwertiges Fleisch. Man muss für Bio-Fleisch zwar etwas tiefer in die Tasche greifen, doch es lohnt sich. So ist zum Beispiel das Fleisch von Bio-Hähnchen fester, aromatischer und etwas dunkler. In der Pfanne und beim Grillen geht weniger Wasser verloren. Dadurch bleibt es besonders zart, saftig und aromatisch.

So kommen Pilzliebhaber auf ihre Kosten

Steinpilze, Pfifferlinge, Maronenröhrlinge oder Wiesenchampignons schmecken sicherlich am besten, wenn man sie selbst sammelt. Doch Vorsicht: Essen Sie nur Pilze, die Sie auch genau kennen. Wer sich nicht sicher ist, braucht aber auf den Pilzgenuss nicht zu verzichten. Es gibt neben dem saisonalen Angebot an Wildpilzen aus freier Natur inzwischen auch ein breites Sortiment an Kulturspeisepilzen wie Champignons, Shiitake und Austernpilze. Noch ein Wort zur Schadstoffbelastung: Tatsache ist, dass Wildpilze Schwermetalle und radioaktive Strahlen speichern. Bei normalem Konsumverhalten besteht aber keine Gesundheitsgefährdung, da sich die Erntezeit dieser Pilze nur auf einige wenige Wochen im Jahr beschränkt. Der Genuss von Zuchtpilzen ist völlig ungefährlich.

Woran erkennt man frischen Fisch?

Ob ein Fisch frisch ist, können Sie ganz leicht selber feststellen: Frischer Fisch riecht nicht nach Fisch, sondern nach Meerwasser. Die Augen sind klar, durchsichtig und prall, die Kiemen leuchtend hellrot, die Haut ist glänzend, die Schleimschicht wasserklar und die Schuppen sitzen fest. Ein wichtiges Merkmal ist auch die Konsistenz des Fleisches. Drückt man mit dem Finger darauf, sollte es innerhalb weniger Sekunden wieder zu seiner ursprünglichen Form zurückkehren. Riecht der Fisch intensiv nach Fisch, deutet das auf eine zu lange Lagerung hin. Fisch verdirbt relativ schnell, am besten essen Sie ihn noch am Tag des Einkaufs.

Lagern aber richtig

Möhren, Radieschen und alle festen Gemüse wie Brokkoli, Blumenkohl oder Lauch gehören im Kühlschrank in das Gemüsefach. Ebenso Früchte wie Aprikosen, Birnen, Heidelbeeren, Himbeeren, Kirschen, Pflaumen, Äpfel oder Erdbeeren. Dort ist die Temperatur optimal und die Luftfeuchtigkeit höher als im Rest des Kühlschrankes.
Um Obst und Gemüse vor der trockenen Kälte im Kühlschrank zu schützen, füllen Sie es in perforierte Plastikbeutel. Die einzelnen Gemüse- und Obstsorten bewahren Sie am besten getrennt voneinander auf, denn sie scheiden bei zunehmender Reife das Gas Ethylen aus. Ethylen beschleunigt die Reifung der meisten Gemüsesorten. So werden zum Beispiel Möhren schneller bitter, Blumenkohl vertrocknet, Kräuter welken und Gurken vergilben, wenn sie neben Tomaten aufbewahrt werden.

Ähnliches gilt für Bananen: Wer lange etwas von seinem frischen Obst haben will, sollte Bananen extra aufbewahren. Doch nicht alles muss kühl gelagert werden: So beginnen Zwiebeln und Knoblauch im Kühlschrank schnell zu faulen. Daher empfiehlt es sich, sie bei Raumtemperatur aufzubewahren. Sie bleiben rund eine Woche ohne Aroma- und Wasserverlust frisch.
Auch exotische Früchte, Bananen und wasserhaltiges Gemüse wie Gurken, Zucchini, Paprika und Tomaten gehören nicht in den Kühlschrank, denn sie sind kälteempfindlich, verlieren ihr Aroma und verderben schneller.

Hinweise zu den Rezepten:

Lesen Sie bitte vor der Zubereitung – besser noch vor dem Einkaufen – das Rezept einmal vollständig durch. Oft werden Arbeitsabläufe oder -zusammenhänge dann klarer.

Zubereitungszeiten

Die Zubereitungszeit beinhaltet nur die Zeit für die eigentliche Zubereitung, Gar- und Backzeiten sind gesondert ausgewiesen. Längere Wartezeiten, z. B. Kühl- und Auftauzeiten, sind nicht mit einbezogen.

Abkürzungen

EL = Esslöffel
TL = Teelöffel
Msp. = Messerspitze
Pck. = Packung/Päckchen
g = Gramm
kg = Kilogramm
ml = Milliliter
l = Liter
Min. = Minuten
Std. = Stunden
evtl. = eventuell
geh. = gehäuft
gestr. = gestrichen
TK = Tiefkühlprodukt
°C = Grad Celsius
Ø = Durchmesser
E = Eiweiß
F = Fett
Kh = Kohlenhydrate
kcal = Kilokalorien
kJ = Kilojoule

Kräuterkunde

Duftende Kräuter geben jedem Gericht erst ihre einzigartige Note. Kräuter können Sie auf dem Markt oder in gut sortierten Supermärkten bereits in Töpfen herangezogen kaufen, aber Sie haben auch die Möglichkeit Kräuter aus Samen selbst zu ziehen. So haben Sie stets frische Kräuter zur Hand. Wichtig ist, dass Kräuter erst unmittelbar vor der Weiterverarbeitung gepflückt und mit einem scharfen Messer zerkleinert werden, da sonst das Aroma verloren geht!

Basilikum ist ein Gewürzkraut mit kräftigen grünen Blättern. Aromatisch im Geruch und sehr würzig im Geschmack. Passt zu Lamm, Geflügel, Fisch, Eiern, Salaten (Tomatensalat!), Rohkost, Gemüse und Nudeln.

Beifuß hat einen frisch-würzigen Geschmack und ist ideal für Gerichte wie Schweine- oder Gänsebraten und verfeinert Fischgerichte, Salate und Saucen.

Bärlauch hat einen knoblauchartigen Geschmack und wird zum Würzen von Suppen und Gemüse eingesetzt. Gerne werden Bärlauchblätter Salaten zur Abrundung beigefügt.

Borretsch ist leicht gurkenartig im Geschmack. Das Kraut wird für Salate, Saucen, Gemüse, Eier-, Quark- und Joghurtspeisen sowie Suppen eingesetzt.

Dill ist angenehm würzig im Geschmack und wird für Rohkost, Salate, Krustentiere, helle Geflügel- und Fleischgerichte, Fisch, Eier- und Quarkspeisen, Gurken, Suppen und Saucen eingesetzt.

Estragon hat ein leicht bitteres und süßes Aroma und verfeinert Suppen, Saucen, gebratenen Fisch, Geflügel und Fischgerichte, Gemüse und Omeletts.

Gartenkresse hat hellgrüne, kleine, zarte Blättchen und ist kräftig würzig im Geschmack und wird für Suppen, Saucen, Salate, Rohkost, Quark-, Joghurt- und Eierspeisen, Kräuterbutter eingesetzt.

Kapuzinerkresse findet zur Dekoration von Blattsalaten häufig Verwendung.

Kerbel schmeckt nach Anis oder Fenchel und wird zum Verfeinern von Suppen, Fleisch-, Fisch- und Geflügelgerichten verwendet.

Koriander wird vorzugsweise für orientalische, indische, karibische und mexikanische Gerichte eingesetzt.

Lorbeer hat ein herb-würziges Aroma, wird sparsam verwendet und vor dem Servieren des Gerichts wieder herausgenommen. Es eignet sich für Fleisch-, Fisch- und Wildgerichte, Saucen, Marinaden und zum Beizen.

Majoran ist süßlich und leicht brennend im Geschmack und macht fette Speisen bekömmlicher. Wegen des stark ausgeprägten Aromas sollte es nur sparsam eingesetzt werden.

Thymian ist stark würzig und hat ein ausgeprägtes Aroma. Es wird zum Verfeinern von Braten, Fleischgerichten, Suppen, Gemüse, Reis und Kräuteressig eingesetzt.

Oregano schmeckt scharf würzig und leicht bitter. Es kommt zum Einsatz bei Nudelgerichten, pikanten Saucen, Pizzen und Gemüse.

Petersilie ist in glatt- und krausblättrigen Sorten erhältlich und hat einen leicht bitteren Geschmack und Geruch. Verwendung findet dieses Kraut in Fleisch- und Fischgerichten, Gemüse, Suppen, Saucen, Eintöpfen und Aufläufen.

Pfefferminze schmeckt würzig, anfangs erwärmend, später kühlend. Verwendet wird sie in Saucen, kombiniert mit Lammfleisch, Obstsalaten, Chutneys und Tees.

Rosmarin schmeckt würzig, kräftig und ist leicht bitter. Es wird zum Verfeinern von Lammfleisch, Braten, Geflügel, Fisch, Wild, Kartoffeln, Saucen, Pilzen und Gemüse eingesetzt.

Salbei hat einen typischen würzigen, leicht bitteren Geschmack und wird zu Fisch, Schweinefleisch, italienischen Gerichten, Lamm, Geflügel, Teigwaren, Füllungen und Tomaten gegeben.

Sauerampfer schmeckt würzig und ist kräftig im Geschmack. Verwendung findet dieses Kraut in Saucen, Suppen und Salaten.

Schnittlauch ist im Geschmack würzig und scharf. Dieses Lauchgewächs findet in Suppen, Saucen, Salaten, Fleischgerichten, Kräuterbutter, Eier-, Quark- und Joghurtgerichten Verwendung.

Waldmeister hat einen würzig, bitteren Geschmack. Verwendung findet dieses Kraut nicht nur in der Waldmeisterbowle, sondern auch in Saucen und Marinaden.

Zitronenmelisse hat einen zitronenartigen und würzigen Geschmack. Eingesetzt wird sie in Salaten, Saucen, verfeinert Eier, Quark- und Joghurtgerichte, Obstsalate und Tee.

Der marktfrische Gemüsekalender

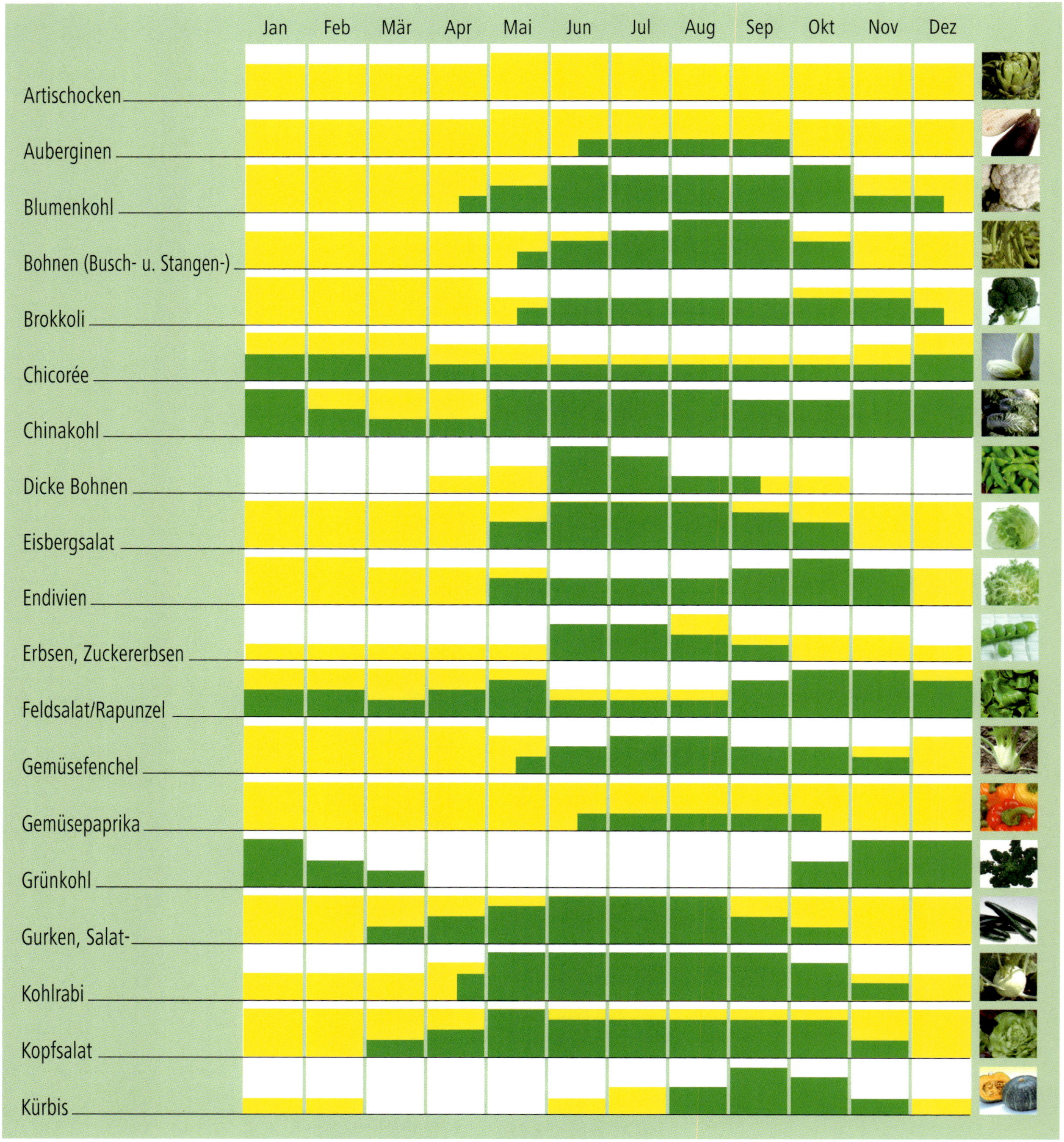

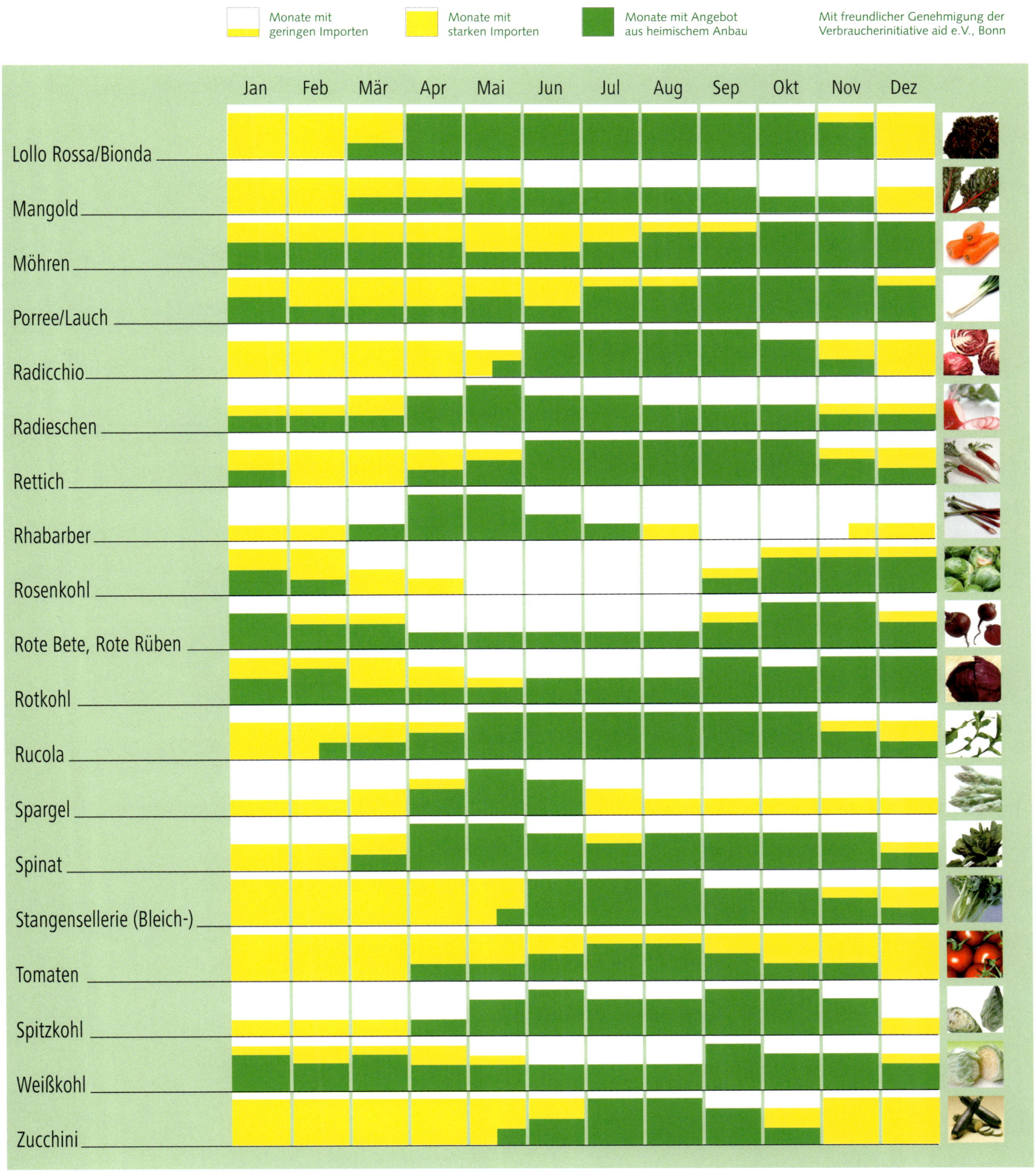

Mit freundlicher Genehmigung der Verbraucherinitiative aid e.V., Bonn

Der marktfrische Obstkalender

Mit freundlicher Genehmigung der Verbraucherinitiative aid e.V., Bonn

Alphabethisches Register

Umwelthinweis Dieses Buch und der Einband wurden auf chlorfrei gebleichtem Papier gedruckt. Die Einschrumpffolie – zum Schutz vor Verschmutzung – ist aus umweltfreundlichem und recyclingfähigem PE-Material.

Wenn Sie Anregungen, Vorschläge oder Fragen zu unseren Büchern haben, rufen Sie uns unter folgender Nummer an: 0521 155–2580 oder 0521 520658 oder schreiben Sie uns: Dr. Oetker Verlag KG, Am Bach 11, 33602 Bielefeld oder besuchen Sie uns im Internet unter: www.oetker.de

Redaktion Jasmin Gromzik, Miriam Krampitz

Titelfoto Thomas Diercks, Hamburg

Innenfotos Thomas Diercks, Hamburg (Seite 21, 27, 51, 65–69, 71–75, 81, 85, 89–93, 99, 101, 107, 115, 125, 147, 151, 179, 185, 191, 197, 199, 211, 215, 221)
Ulli Hartmann, Halle/Westf. (Seite 8–9, 11, 13, 23, 25, 29, 31, 35–39, 43, 45, 49, 53, 55, 61, 62–63, 77, 79, 83, 87, 95, 103, 105, 111, 116–117, 121, 123, 127, 129, 133, 137–141, 149, 153, 155, 159–165, 170–177, 183, 189, 195, 207, 209, 213, 217, 219, 223, 225, 230–231)
Imagepoint, Schweiz (Seite 4–5, 226–229)
Ulrich Kopp, Sindelfingen (Seite 167, 193)
Bernd Lippert (Seite 47)
Hans-Joachim Schmidt, Hamburg (Seite 15, 97, 109, 113, 119, 131, 135, 145, 157, 169, 181, 205)
Axel Struwe, Bielefeld (Seite 19, 201, 203)
Norbert Toelle, Bielefeld (Seite 33)
Brigitte Wegner, Bielefeld (Seite 17, 41, 57, 59, 143, 187)

Innenfotos, klein Ulli Hartmann, Halle/Westf.

Foodstyling Claudia Potgeter, Nordhorn

Rezeptentwicklung und Beratung Annette Elges, Bielefeld
Hans-Peter Huke, Bielefeld

Einleitungstexte Hans-Jürgen Krackher, Bielefeld

Ratgebertext Eva Weißen, Köln

Saisonkalender aid infodienst, Bonn

Titelgestaltung kontur:design, Bielefeld

Grafisches Konzept kontur:design, Bielefeld

Reproduktionen Repro Schmidt, A-Dornbirn

Druck und Bindung Firmengruppe APPL, aprinta druck, Wemding

ISBN: 978-3-7670-1009-3